# Das Erste Niederländische Lesebuch für Anfänger

Aart Rembrandt

# Das Erste Niederländische Lesebuch für Anfänger
## Stufen A1 A2
## Zweisprachig mit Niederländisch-deutscher Übersetzung

Das Erste Niederländische Lesebuch für Anfänger
von Aart Rembrandt

**Audiodateien: www.lppbooks.com/Dutch/FirstDutchReader/**
Homepage: www.audiolego.com

Umschlaggestaltung: Audiolego Design
Umschlagfoto: Canstockphoto

3. Ausgabe
Copyright © 2015 2018 Language Practice Publishing
Copyright © 2015 2018 Audiolego
Alle Rechte vorbehalten. Das Werk ist urheberrechtlich geschützt.

## Inhoudsopgave
*Inhaltsverzeichnis*

Das niederländische Alphabet .................................................................................... 7

So steuern Sie die Geschwindigkeit der Audiodateien ................................................ 8

Anfänger Stufe 1A ...................................................................................................... 9

Kapitel 1 Robert hat einen Hund ............................................................................... 10

Kapitel 2 Sie wohnen in San Francisco (USA) .......................................................... 13

Kapitel 3 Sind sie Deutsche? ..................................................................................... 15

Kapitel 4 Können Sie mir bitte helfen? ...................................................................... 18

Kapitel 5 Robert wohnt jetzt in den USA ................................................................... 21

Kapitel 6 Robert hat viele Freunde ............................................................................ 24

Kapitel 7 David kauft ein Fahrrad .............................................................................. 27

Kapitel 8 Linda will eine neue DVD kaufen .............................................................. 30

Kapitel 9 Paul hört deutsche Musik ........................................................................... 33

Kapitel 10 Paul kauft Fachbücher über Design .......................................................... 36

Kapitel 11 Robert will ein bisschen Geld verdienen (Teil 1) ..................................... 39

Kapitel 12 Robert will ein bisschen Geld verdienen (Teil 2) ..................................... 42

Fortgeschrittene Anfänger Stufe A2 .......................................................................... 45

Hoofdstuk 13 De naam van het hotel ......................................................................... 46

Hoofdstuk 14 Aspirine ............................................................................................... 48

Hoofdstuk 15 Nancy en de kangoeroe ....................................................................... 51

Hoofdstuk 16 Parachutisten ....................................................................................... 54

Hoofdstuk 17 Draai het gas uit! ................................................................................. 58

Hoofdstuk 18 Een uitzendbureau ............................................................................... 61

Hoofdstuk 19 David en Robert wassen een truck (deel 1) ......................................... 65

Hoofdstuk 20 David en Robert wassen de truck (deel 2) .......................................... 68

Hoofdstuk 21 Een les ................................................................................................. 71

Hoofdstuk 22 Paul werkt bij een uitgever ................................................................. 74

Hoofdstuk 23 Kattenregels ........................................................................................ 78

Hoofdstuk 24 Teamwerk ..................................................................................................... 81
Hoofdstuk 25 Robert en David zoeken een nieuwe job ................................................ 84
Hoofdstuk 26 Solliciteren voor San Franisco Nieuws ................................................... 88
Hoofdstuk 27 De politiepatrouille (deel 1) ..................................................................... 92
Hoofdstuk 28 De politiepatrouille (deel 2) ..................................................................... 97
Hoofdstuk 29 School voor Buitenlandse Studenten (SBS) en au pair ....................... 102
Wörterbuch Niederländisch-Deutsch ........................................................................... 106
Wörterbuch Deutsch-Niederländisch ........................................................................... 117

# Das niederländische Alphabet

| Name | Aussprache (IPA) | Name | Aussprache (IPA) |
|------|------------------|------|------------------|
| A, a | /a/ | N, n | /ɛn/ |
| B, b | /be/ | O, o | /o/ |
| C, c | /ce/ | P, p | /pe/ |
| D, d | /de/ | Q, q | /ku/ |
| E, e | /e/ | R, r | /ɛr/ |
| F, f | /ɛf/ | S, s | /ɛs/ |
| G, g | /ge/ | T, t | /te/ |
| H, h | /ha/ | U, u | /u/ |
| I, i | /i/ | V, v | /ve/ |
| J, j | /je/ | W, w | /ʋe/ |
| K, k | /ka/ | X, x | /ɪks/ |
| L, l | /ɛl/ | Y, y | /ˈɪpsilɔn/ |
| M, m | /ɛm/ | Z, z | /zɛt/ |

## So steuern Sie die Geschwindigkeit der Audiodateien

Das Buch ist mit den Audiodateien ausgestattet. Die Adresse der Homepage des Buches, wo Audiodateien zum Anhören und Herunterladen verfügbar sind, ist am Anfang des Buches auf der bibliographischen Beschreibung vor dem Copyright-Hinweis aufgeführt.

Wir empfehlen Ihnen, den kostenlosen VLC-Mediaplayer zu verwenden, die Software, die zur Steuerung der Wiedergabegeschwindigkeit aller Audioformate verwendet werden kann. Die Steuerung der Geschwindigkeit ist auch einfach und erfordert nur wenige Klicks oder Tastatureingaben.

**Android**: Nach der Installation vom VLC Media Player klicken Sie auf die Audiodatei am Anfang eines Kapitels oder auf der Homepage des Buches, wenn Sie ein Papierbuch lesen. Wählen Sie "Open with VLC". Wenn Sie Schwierigkeiten beim Öffnen von Audiodateien mit VLC haben, ändern Sie die Standard-App für den Musik-Player. Gehen Sie zu Einstellungen→Apps, wählen Sie VLC und klicken Sie auf "Open by default" oder "Set default".

**Kindle Fire**: Nach der Installation vom VLC Media Player klicken Sie auf eine Audiodatei am Anfang eines Kapitels oder auf der Homepage des Buches, wenn Sie ein Papierbuch lesen. Wählen Sie "Complete action using →VLC".

**iOS**: Nach der Installation vom VLC Media Player kopieren Sie den Link zu der Audiodatei am Anfang eines Kapitels oder auf der Homepage des Buches, wenn Sie ein Papierbuch lesen, und fügen Sie ihn in den Download-Bereich des VLC Media Players ein. Nachdem der Download abgeschlossen ist, gehen Sie zu "Alle Dateien" und starten Sie die Audiodatei.

**Windows**: Starten Sie den VLC Media Player und klicken Sie auf die Audiodatei am Anfang eines Kapitels oder auf der Homepage des Buches, wenn Sie ein Papierbuch lesen. Gehen Sie nun in die Wiedergabe (Playback) und navigieren Sie die Geschwindigkeit.

**MacOS**: Starten Sie den VLC Media Player und klicken Sie auf die Audiodatei am Anfang eines Kapitels oder auf der Homepage des Buches, wenn Sie ein Papierbuch lesen. Nun, navigieren Sie zum Playback und öffnen die Optionen von Geschwindigkeit. Navigieren Sie die Geschwindigkeit.

# Anfänger Stufe 1A

# 1

## Robert heeft een hond
*Robert hat einen Hund*

 **A**

### Woordenschat
*Vokabeln*

1. bed - das Bett
2. bedden - die Betten
3. blauw - blau
4. boek - das Buch
5. dat, die - jener, jene, jenes
6. deze, die - diese, jene (pl.)
7. dit, deze - dieser, diese, dieses; dit boek - dieses Buch
8. droom - der Traum
9. één - ein
10. en - und
11. fiets - das Fahrrad
12. groen - grün
13. groot - groß
14. hebben - haben; hij/zij heeft - er/sie/es hat; Hij heeft een boek. Er hat ein Buch.
15. hij - er
16. hond - der Hund
17. hotel - das Hotel
18. hotels - die Hotels
19. ik - ich
20. kamer - das Zimmer
21. kamers - die Zimmer
22. kat - die Katze
23. klein - klein

24. mijn - mein, meine, mein
25. mooi - schön
26. neus - die Nase
27. niet - nicht
28. nieuw - neu
29. notitieboek - das Notizbuch
30. notitieboeken - die Notizbücher
31. ogen - die Augen
32. oog - das Auge
33. ook - auch
34. park - der Park
35. parken - die Parks
36. pen - der Stift
37. pennen - die Stifte
38. ster - der Stern
39. straat - die Straße
40. straten - die Straßen
41. student - der Student
42. studenten - die Studenten
43. tafel - der Tisch
44. tafels - die Tische
45. tekst - der Text
46. veel - viel
47. venster - das Fenster
48. vensters - die Fenster
49. vier - vier
50. winkel - der Laden
51. winkels - die Läden
52. woord - das Wort, die Vokabel
53. woorden - die Wörter, die Vokabeln
54. zij - sie
55. zijn - sein, seine; zijn bed - sein Bett
56. zwart - schwarz

# B

## Robert heeft een hond

### Robert hat einen Hund

1.Deze student heeft een boek. 2.Hij heeft ook een pen.

3.San Francisco heeft veel straten en parken. 4.Deze straat heeft nieuwe hotels en winkels. 5.Dit hotel heeft 4 sterren. 6.Dit hotel heeft veel mooie grote kamers.

7.Die kamer heeft veel vensters. 8.En deze kamers hebben niet veel vensters. 9.Deze kamers hebben vier bedden. 10.En die kamers hebben één bed. 11.Die kamer heeft niet veel tafels. 12.En die kamers hebben veel grote tafels. 13.Deze straat heeft geen hotels. 14.Die grote winkel heeft veel vensters.

15.Deze studenten hebben notitieboeken. 16.Zij hebben ook pennen. 17.Robert heeft één klein zwart notitieboek. 18.Paul heeft vier nieuwe groene notitieboeken. 19.Deze student heeft een fiets. 20.Hij heeft een nieuwe blauwe fiets. 21.David heeft ook een fiets. 22.Hij heeft een mooie zwarte fiets.

*1.Dieser Student hat ein Buch. 2.Er hat auch einen Stift.*

*3.San Francisco hat viele Straßen und Parks. 4.Diese Straße hat neue Hotels und Läden. 5.Dieses Hotel hat vier Sterne. 6.Dieses Hotel hat viele schöne, große Zimmer.*

*7.Jenes Zimmer hat viele Fenster. 8.Und diese Zimmer haben nicht viele Fenster. 9.Diese Zimmer haben vier Betten. 10.Und diese Zimmer haben ein Bett. 11.Jenes Zimmer hat nicht viele Tische. 12.Und diese Zimmer haben viele große Tische. 13.In dieser Straße sind keine Hotels. 14.Dieser große Laden hat viele Fenster.*

*15.Diese Studenten haben Notizbücher. 16.Sie haben auch Stifte. 17.Robert hat ein kleines schwarzes Notizbuch. 18.Paul hat vier neue grüne Notizbücher. 19.Dieser Student hat ein Fahrrad. 20.Er hat ein neues blaues Fahrrad. 21.David hat auch ein Fahrrad. 22.Er hat ein schönes schwarzes Fahrrad. 23.Paul hat einen*

23. Paul heeft een droom. 24. Ik heb ook een droom.

25. Ik heb geen hond. 26. Ik heb een kat. 27. Mijn kat heeft mooie groene ogen. 28. Robert heeft geen kat. 29. Hij heeft een hond. 30. Zijn hond heeft een kleine zwarte neus.

*Traum. 24. Ich habe auch einen Traum.*

*25. Ich habe keinen Hund. 26. Ich habe eine Katze. 27. Meine Katze hat schöne grüne Augen. 28. Robert hat keine Katze. 29. Er hat einen Hund. 30. Sein Hund hat eine kleine schwarze Nase.*

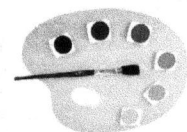

# 2

## Zij wonen in San Francisco (VS)
*Sie wohnen in San Francisco (USA)*

## A

### Woordenschat
*Vokabeln*

1. Amerikaans - Amerikaner
2. broer - der Bruder
3. broodje - das Sandwich
4. Canada - Kanada
5. Canadees - Kanadier
6. Duits - der Deutsche, die Deutsche
7. groot - groß
8. honger - Hunger; hongerig - hungrig; Ik heb honger - Ich habe Hunger.
9. in - in
10. jij, je - du
11. kopen - kaufen
12. leven - leben, wohnen
13. moeder - die Mutter
14. nu, meteen - jetzt, zurzeit, gerade
15. stad - die Stadt
16. supermarkt - der Supermarkt
17. twee - zwei
18. van, uit - aus; uit de VS - aus den USA
19. VS - USA
20. wij - wir
21. zij - sie
22. zus - die Schwester

# B

## Zij leven in San Francisco (VS)

1.San Francisco is een grote stad. 2.San Francisco ligt in de VS.

3.Dit is Robert. 4.Robert is een student. 5.Hij is nu in San Francisco. 6.Robert komt uit Duitsland. 7.Hij is Duits. 8.Robert heeft een moeder, een vader, een broer en een zus. 9.Zij leven in Duitsland.

10.Dit is Paul. 11.Paul is ook een student. 12.Hij komt uit Canada. 13.Hij is Canadees. 14.Paul heeft een moeder, een vader en twee zussen. 15.Zij leven in Canada.

16.Robert en Paul zijn nu in een supermarkt. 17.Zij hebben honger. 18.Zij kopen broodjes.

19.Dit is Linda. 20.Linda is Amerikaans. 21.Linda leeft ook in San Francisco. 22.Zij is geen student.

23.Ik ben een student. 24.Ik kom uit Duitsland. 25.Ik ben nu in San Francisco. 26.Ik heb geen honger.

27.Jij bent een student. 28.Jij bent Duits. 29.Jij bent nu niet in Duitsland. 30.Jij bent in de VS.

31.Wij zijn studenten. 32.Wij zijn nu in de VS.

33.Dit is een fiets. 34.De fiets is blauw. 35.De fiets is niet nieuw.

36.Dit is een hond. 37.De hond is zwart. 38.De hond is niet groot.

39.Dit zijn winkels. 40.De winkels zijn niet groot. 41.Zij zijn klein. 42.Die winkel heeft veel vensters. 43.Die winkels hebben niet veel vensters.

44.Die kat is in de kamer. 45.Deze katten zijn niet in de kamer.

## *Sie wohnen in San Francisco (USA)*

*1.San Francisco ist eine große Stadt. 2.San Francisco ist in den USA.*

*3.Das ist Robert. 4.Robert ist Student. 5.Er ist zurzeit in San Francisco. 6.Robert kommt aus Deutschland. 7.Er ist Deutscher. 8.Robert hat eine Mutter, einen Vater, einen Bruder und eine Schwester. 9.Sie leben in Deutschland.*

*10.Das ist Paul. 11.Paul ist auch Student. 12.Er kommt aus Kanada. 13.Er ist Kanadier. 14.Paul hat eine Mutter, einen Vater und zwei Schwestern. 15.Sie leben in Kanada.*

*16.Robert und Paul sind gerade im Supermarkt. 17.Sie haben Hunger. 18.Sie kaufen Sandwiches.*

*19.Das ist Linda. 20.Linda ist Amerikanerin. 21.Linda wohnt auch in San Francisco. 22.Sie ist kein Student.*

*23.Ich bin Student. 24.Ich komme aus Deutschland. 25.Ich bin zurzeit in San Francisco. 26.Ich habe keinen Hunger.*

*27.Du bist Student. 28.Du bist Deutsche. 29.Du bist zurzeit nicht in Deutschland. 30.Du bist in den USA.*

*31.Wir sind Studenten. 32.Wir sind zurzeit in den USA.*

*33.Dies ist ein Fahrrad. 34.Das Fahrrad ist blau. 35.Das Fahrrad ist nicht neu.*

*36.Dies ist ein Hund. 37.Der Hund ist schwarz. 38.Der Hund ist nicht groß.*

*39.Dies sind Läden. 40.Die Läden sind nicht groß. 41.Sie sind klein. 42.Dieser Laden hat viele Fenster. 43.Jene Läden haben nicht viele Fenster.*

*44.Die Katze ist im Zimmer. 45.Diese Katzen sind nicht im Zimmer.*

# 3

## Zijn zij Duitsers?
*Sind sie Deutsche?*

### A

**Woordenschat**
*Vokabeln*

1. allemaal - alle
2. bij - am, beim
3. café - das Café
4. CD-speler - der CD Spieler
5. dier - das Tier
6. haar - ihr; haar boek - ihr Buch
7. het - es
8. hoe - wie
9. huis - das Haus
10. ja - ja
11. je, jij - du/ihr
12. jongen - der Junge
13. kaart - die Karte
14. man - der Mann
15. nee - nein
16. ons, onze - unser
17. op - auf
18. Spaans - spanisch
19. vrouw - die Frau
20. waar - wo

# B

| **Zijn zij Duitsers?** | ***Sind sie Deutsche?*** |
|---|---|
| **1** | *1* |
| - Ik ben een jongen. Ik ben in de kamer. | *- Ich bin ein Junge. Ich bin im Zimmer.* |
| - Ben jij Amerikaans? | *- Bist du Amerikaner?* |
| - Nee, dat ben ik niet. Ik ben Duits. | *- Nein, ich bin nicht Amerikaner. Ich bin Deutscher.* |
| - Ben jij een student? | *- Bist du Student?* |
| - Ja, dat ben ik. Ik ben een student. | *- Ja, ich bin Student.* |
| **2** | *2* |
| - Dit is een vrouw. De vrouw is ook in de kamer. | *- Das ist eine Frau. Die Frau ist auch im Zimmer.* |
| - Is zij Duits? | *- Ist sie Deutsche?* |
| - Nee, dat is ze niet. Ze is Amerikaans. | *- Nein, sie ist nicht Deutsche. Sie ist Amerikanerin.* |
| - Is zij een student? | *- Ist sie Studentin?* |
| - Nee dat is ze niet. Ze is geen student. | *- Nein, sie ist nicht Studentin.* |
| - Dit is een man. Hij zit aan de tafel. | *- Das ist ein Mann. Er sitzt am Tisch.* |
| - Is hij Amerikaans? | *- Ist er Amerikaner?* |
| - Ja. Hij is Amerikaans. | *- Ja, er ist Amerikaner.* |
| **3** | *3* |
| - Dit zijn studenten. Zij zijn in het park. | *- Das sind Studenten. Sie sind im Park.* |
| - Zijn zij allemaal Amerikanen? | *- Sind sie alle Amerikaner?* |
| - Nee, dat zijn zij niet. Zij komen uit Duitsland, de VS en Canada. | *- Nein, sie sind nicht alle Amerikaner. Sie kommen aus Deutschland, den USA und Kanada.* |
| **4** | *4* |
| - Dit is een tafel. Hij is groot. | *- Das ist ein Tisch. Er ist groß.* |
| - Is hij nieuw? | *- Ist er neu?* |
| - Ja. Hij is nieuw. | *- Ja, er ist neu.* |
| **5** | *5* |
| - Dit is een kat. Hij is in de kamer. | *- Das ist eine Katze. Sie ist im Zimmer.* |
| - Is hij zwart? | *- Ist sie schwarz?* |
| - Ja. Hij is zwart en mooi. | *- Ja, das ist sie. Sie ist schwarz und schön.* |
| **6** | *6* |
| - Dit zijn fietsen. Zij zijn bij het huis. | *- Das sind Fahrräder. Sie stehen beim Haus.* |
| - Zijn zij zwart? | *- Sind sie schwarz?* |
| - Ja. Zij zijn zwart. | *- Ja, sie sind schwarz.* |
| **7** | *7* |
| - Heb jij een notitieboek? | *- Hast du ein Notizbuch?* |
| - Ja, die heb ik. | *- Ja.* |
| - Hoeveel notitieboeken heb je? | *- Wie viele Notizbücher hast du?* |
| - Ik heb twee notitieboeken. | *- Ich habe zwei Notizbücher.* |
| **8** | *8* |
| - Heeft hij een pen? | *- Hat er einen Stift?* |
| - Ja. | *- Ja.* |

- Hoeveel pennen heeft hij?
- Hij heeft één pen.

**9**
- Heeft zij een fiets?
- Ja.
- Is haar fiets blauw?
- Nee. Haar fiets is niet blauw. Hij is groen.

**10**
- Heb jij een Spaans boek?
- Nee. Ik heb geen Spaans boek. Ik heb geen boeken.

**11**
- Heeft zij een kat?
- Nee. Zij heeft geen kat. Ze heeft geen dier.

**12**
- Heb jij een cd-speler?
- Nee. Wij hebben geen cd-speler.

**13**
- Waar is onze kaart?
- Onze kaart is in de kamer.
- Ligt hij op de tafel?
- Ja, dat is zo.

**14**
- Waar zijn de jongens?
- Zij zijn in het café.
- Waar zijn de fietsen?
- Zij zijn bij het café.
- Waar is Paul?
- Hij is ook in het café.

- *Wie viele Stifte hat er?*
- *Er hat einen Stift.*

*9*
- *Hat sie ein Fahrrad?*
- *Ja.*
- *Ist ihr Fahrrad blau?*
- *Nein, es ist nicht blau. Es ist grün.*

*10*
- *Hast du ein spanisches Buch?*
- *Nein, ich habe kein spanisches Buch. Ich habe keine Bücher.*

*11*
- *Hat sie eine Katze?*
- *Nein, sie hat keine Katze. Sie hat kein Tier.*

*12*
- *Habt ihr einen CD-Spieler?*
- *Nein, wir haben keinen CD-Spieler.*

*13*
- *Wo ist unsere Karte?*
- *Unsere Karte ist im Zimmer.*
- *Liegt sie auf dem Tisch?*
- *Ja, sie liegt auf dem Tisch.*

*14*
- *Wo sind die Jungs?*
- *Sie sind im Café.*
- *Wo sind die Fahrräder?*
- *Sie stehen vor dem Café.*
- *Wo ist Paul?*
- *Er ist auch im Café.*

# 4

## Kan je me helpen alstublieft?
*Können Sie mir bitte helfen?*

### A

#### Woordenschat
*Vokabeln*

1. adres - die Adresse
2. alstublieft, alsjeblieft, aub - bitte
3. bank - die Bank
4. bedanken - danken; bedankt - danke
5. gaan - gehen; Ik ga naar de bank. - Ich gehe zur Bank.
6. hulp - die Hilfe; helpen - helfen
7. kunnen - können; Ik kan lezen. - Ich kann lesen.
8. leren - lernen
9. lezen - lesen
10. maar - aber
11. moeten - müssen; Ik moet gaan. - Ich muss gehen.
12. mogen, kunnen - dürfen, können
13. nemen - nehmen
14. niet mogen - nicht dürfen
15. plaats - legen, der Platz
16. schrijven - schreiben
17. spelen - spielen
18. spreken - sprechen
19. voor - für
20. zitten - setzen

# B

| **Kan je me helpen alstublieft?** | ***Können Sie mir bitte helfen?*** |

**1**

- Kan je me helpen alstublieft?
- Ja, dat kan ik.
- Ik kan het adres niet in het Engels schrijven. Kan jij het voor mij schrijven?
- Ja, dat kan ik.
- Bedankt.

**2**

- Kan je tennissen?
- Nee. Maar ik kan het leren. Kan je me helpen om het te leren?
- Ja. Ik kan je helpen om te leren tennissen.
- Bedankt.

**3**

- Kan jij Engels spreken?
- Ik kan Engels spreken en lezen maar ik kan het niet schrijven.
- Kan jij Duits spreken?
- Ik kan Duits spreken, lezen en schrijven.
- Kan Linda ook Duits spreken?
- Nee, dat kan ze niet. Zij is Amerikaans.
- Kunnen zij Engels spreken?
- Ja, een beetje. Zij zijn studenten en zij leren Engels. Deze jongen kan geen Engels spreken.

**4**

- Waar zijn zij?
- Zij spelen nu tennis.
- Mogen wij ook spelen?
- Ja, dat mogen wij.

**5**

- Waar is Robert?
- Hij kan in het café zijn.

**6**

- Zit aan deze tafel alstublieft.
- Bedankt, mag ik mijn boeken op die tafel leggen?
- Ja, dat mag je.
- Mag Paul aan deze tafel zitten?

***1***

- *Können Sie mir bitte helfen?*
- *Ja, das kann ich.*
- *Ich kann die Adresse nicht auf Englisch schreiben. Können Sie sie für mich schreiben?*
- *Ja, das kann ich.*
- *Danke.*

***2***

- *Kannst du Tennis spielen?*
- *Nein. Aber ich kann es lernen. Kannst du mir dabei helfen?*
- *Ja, ich kann dir helfen, Tennis spielen zu lernen.*
- *Danke.*

***3***

- *Sprichst du Englisch?*
- *Ich kann Englisch sprechen und lesen, aber nicht schreiben.*
- *Sprichst du Deutsch?*
- *Ich kann Deutsch sprechen, lesen und schreiben.*
- *Kann Linda auch Deutsch?*
- *Nein, sie kann kein Deutsch. Sie ist Amerikanerin.*
- *Sprechen sie Englisch?*
- *Ja, ein bisschen. Sie sind Studenten und lernen Englisch. Dieser Junge spricht kein Englisch.*

***4***

- *Wo sind sie?*
- *Sie spielen gerade Tennis.*
- *Können wir auch spielen?*
- *Ja, das können wir.*

***5***

- *Wo ist Robert?*
- *Er ist vielleicht im Café.*

***6***

- *Setzen Sie sich an diesen Tisch, bitte.*
- *Danke. Kann ich meine Bücher auf diesen Tisch legen?*
- *Ja.*
- *Darf Paul sich an seinen Tisch setzen?*

- Ja, dat mag hij.

### 7
- Mag ik op haar bed zitten?
- Nee, dat mag je niet.
- Mag Linda zijn cd-speler nemen?
- Nee, ze mag zijn cd-speler niet nemen.

### 8
- Mogen ze haar kaart nemen?
- Nee, dat mogen ze niet.

### 9
Je mag niet op haar bed zitten.
Zij mag zijn cd-speler niet nemen.
Zij mogen deze notitieboeken niet nemen.

### 10
- Ik moet naar de bank.
- Moet je nu gaan?
- Ja, dat moet ik.

### 11
- Moet je Duits leren?
- Ik hoef geen Duits leren. Ik moet Engels leren.

### 12
- Moet ze naar de bank gaan?
- Nee, ze hoeft niet naar de bank gaan.
- Mag ik deze fiets nemen?
- Nee, je mag deze fiets niet nemen.
- Mogen we deze notitieboeken op haar bed leggen?
- Nee, je mag deze notitieboeken niet op haar bed leggen.

---

- *Ja, das darf er.*

### 7
- *Darf ich mich auf ihr Bett setzen?*
- *Nein, das darfst du nicht.*
- *Darf Linda seinen CD-Spieler nehmen?*
- *Nein, sie darf seinen CD-Spieler nicht nehmen.*

### 8
- *Dürfen sie ihre Karte nehmen?*
- *Nein, das dürfen sie nicht.*

### 9
*Du darfst dich nicht auf ihr Bett setzen.*
*Sie darf seinen CD-Spieler nicht nehmen.*
*Sie dürfen diese Notizbücher nicht nehmen.*

### 10
- *Ich muss zur Bank gehen.*
- *Musst du jetzt gehen?*
- *Ja.*

### 11
- *Musst du Deutsch lernen?*
- *Ich muss nicht Deutsch lernen. Ich muss Englisch lernen.*

### 12
- *Muss sie zur Bank gehen?*
- *Nein, sie muss nicht zur Bank gehen.*
- *Darf ich dieses Fahrrad nehmen?*
- *Nein, du darfst dieses Fahrrad nicht nehmen.*
- *Dürfen wir diese Notizbücher auf ihr Bett legen?*
- *Nein, ihr dürft die Notizbücher nicht auf ihr Bett legen.*

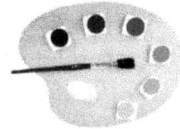

# 5

## Robert leeft nu in de VS
*Robert wohnt jetzt in den USA*

 **A**

### Woordenschat
*Vokabeln*

1. acht - acht
2. boerderij - der Bauernhof
3. daar, er - dort, dorthin
4. drie - drei
5. drinken - trinken
6. een paar - ein paar
7. eten - essen
8. goed - gut
9. graag hebben, houden van - mögen, lieben
10. krant - die Zeitung
11. luisteren – hören; Ik luister naar muziek - Ich höre Musik.
12. meisje - das Mädchen
13. mensen - die Menschen
14. meubilair, meubels - die Möbel
15. muziek - die Musik
16. nodig hebben - brauchen
17. ontbijt - das Frühstück
18. ontbijten - frühstücken
19. plein - der Platz
20. stoel - der Stuhl
21. thee - der Tee
22. vijf - fünf
23. willen - wollen
24. zes - sechs
25. zeven - sieben

## B

### Robert leeft nu in de VS

**1**
Linda leest goed Engels. Ik lees ook Engels. De studenten gaan naar het park. Zij gaat ook naar het park.

**2**
Wij leven in San Francisco. Paul leeft nu ook in San Francisco. Zijn vader en moeder leven in Canada. Robert leeft nu in San Francisco. Zijn vader en moeder leven in Duitsland.

**3**
De studenten tennissen. Paul speelt goed. Robert speelt niet goed.

**4**
Wij drinken thee. Linda drinkt groene thee. David drinkt zwarte thee. Ik drink ook zwarte thee.

**5**
Ik luister naar muziek. Sarah luistert ook naar muziek. Ze luistert graag naar goede muziek.

**6**
Ik heb zes notitieboeken nodig. David heeft zeven notitieboeken nodig. Linda heeft acht notitieboeken nodig.

**7**
Sarah wil drinken. Ik wil ook drinken. Paul wil eten.

**8**
Er ligt een krant op tafel. Paul pakt en leest het. Hij leest graag kranten.

**9**
Er staat een beetje meubilair in de kamer. Er zijn daar zes tafels en zes stoelen.

**10**
Er zijn drie meisjes in de kamer. Ze ontbijten.

**11**
Sarah eet brood en drinkt thee. Ze drinkt graag groene thee.

### *Robert wohnt jetzt in den USA*

**1**
*Linda liest gut Englisch. Ich lese auch Englisch. Die Studenten gehen in den Park. Sie geht auch in den Park.*

**2**
*Wir wohnen in San Francisco. Paul wohnt jetzt auch in San Francisco. Sein Vater und seine Mutter leben in Kanada. Robert wohnt jetzt in San Francisco. Sein Vater und seine Mutter leben in Deutschland.*

**3**
*Die Studenten spielen Tennis. Paul spielt gut. Robert spielt nicht gut.*

**4**
*Wir trinken Tee. Linda trinkt grünen Tee. David trinkt schwarzen Tee. Ich trinke auch schwarzen Tee.*

**5**
*Ich höre Musik. Sarah hört auch Musik. Sie hört gerne gute Musik.*

**6**
*Ich brauche sechs Notizbücher. David braucht sieben Notizbücher. Linda braucht acht Notizbücher.*

**7**
*Sarah will etwas trinken. Ich will auch etwas trinken. Paul will etwas essen.*

**8**
*Dort liegt eine Zeitung auf dem Tisch. Paul nimmt sie und liest. Er liest gerne Zeitung.*

**9**
*Im Zimmer gibt es Möbel. Es gibt dort sechs Tische und sechs Stühle.*

**10**
*Es sind drei Mädchen im Zimmer. Sie frühstücken.*

**11**
*Sarah isst Brot und trinkt Tee. Sie mag grünen Tee.*

### 12
Er liggen enkele boeken op de tafel. Ze zijn niet nieuw. Ze zijn oud.

### 13
- Is er een bank in deze straat?
- Ja. Er zijn vijf banken in deze straat. De banken zijn niet groot.

### 14
- Zijn er mensen op het plein?
- Ja, er zijn enkele mensen op het plein

### 15
- Zijn er fietsen bij het café?
- Ja, er zijn vier fietsen bij het café. Ze zijn niet nieuw.

### 16
- Is er een hotel in deze straat?
- Nee, er zijn geen hotels in deze straat.

### 17
- Zijn er grote winkels in die straat?
- Nee. Er zijn geen grote winkels in die straat.

### 18
- Zijn er boerderijen in de VS?
- Ja. Er zijn veel grote boerderijn in de VS.

### 19
- Is er meubilair in die kamer?
- Ja. Er zijn daar vier tafels en enkele stoelen.

### *12*
*Auf dem Tisch liegen ein paar Bücher. Sie sind nicht neu. Sie sind alt.*

### *13*
*- Ist in dieser Straße eine Bank?*
*- Ja. Es gibt fünf Banken in dieser Straße. Sie sind nicht groß.*

### *14*
*- Sind Menschen auf dem Platz?*
*- Ja, auf dem Platz sind ein paar Menschen.*

### *15*
*- Stehen Fahrräder vor dem Café?*
*- Ja, es stehen vier Fahrräder vor dem Café. Sie sind nicht neu.*

### *16*
*- Gibt es in dieser Straße ein Hotel?*
*- Nein, es gibt keine Hotels in dieser Straße.*

### *17*
*- Gibt es in dieser Straße große Läden?*
*- Nein, es gibt keine großen Läden in dieser Straße.*

### *18*
*- Gibt es in den USA Bauernhöfe?*
*- Ja, es gibt viele große Bauernhöfe in den USA.*

### *19*
*- Sind Möbel in diesem Zimmer?*
*- Ja, es sind dort vier Tische und einige Stühle.*

# 6

## Robert heeft veel vrienden
*Robert hat viele Freunde*

 **A**

### Woordenschat
*Vokabeln*

1. agentschap - die Agentur
2. auto - das Auto
3. baan - die Arbeit; uitzendbureau - die Arbeitsvermittlung
4. CD - die CD
5. computer - der Computer
6. Davids boek - Davids Buch
7. deur - die Tür
8. fornuis - der Herd
9. in - in
10. koffie - der Kaffee
11. komen / gaan - kommen / gehen
12. onder - unter
13. ook - auch
14. schoon - sauber
15. vader - der Vater
16. veel werk hebben - viel zu tun haben
17. veel, vele - viel, viele
18. vriend - der Freund
19. vrij - frei
20. vrije tijd - die Freizeit, freie Zeit
21. weten - kennen, wissen

## B

| **Robert heeft veel vrienden** | *Robert hat viele Freunde* |
|---|---|

**1**

Robert heeft veel vrienden. Roberts vrienden gaan naar het café. Ze drinken graag koffie. Roberts vrienden drinken veel koffie.

*1*

*Robert hat viele Freunde. Roberts Freunde gehen ins Café. Sie trinken gerne Kaffee. Roberts Freunde trinken viel Kaffee.*

**2**

Pauls vader heeft een auto. De auto van zijn vader is schoon maar oud. Pauls vader rijdt veel. Hij heeft een goede job en hij heeft nu veel werk.

*2*

*Pauls Vater hat ein Auto. Das Auto seines Vaters ist sauber, aber alt. Pauls Vater fährt viel Auto. Er hat eine gute Arbeit und im Moment viel zu tun.*

**3**

David heeft veel CD's. Davids CD's liggen op zijn bed. Davids cd-speler ligt ook op zijn bed.

*3*

*David hat viele CDs. Davids CDs liegen auf seinem Bett. Davids CD-Spieler ist auch auf seinem Bett.*

**4**

Robert leest Amerikaanse kranten. Er liggen veel kranten op de tafel in Roberts kamer.

*4*

*Robert liest amerikanische Zeitungen. Auf dem Tisch in Roberts Zimmer liegen viele Zeitungen.*

**5**

Nancy heeft een kat en een hond. Nancy's kat is in de kamer onder het bed. Nancy's hond is ook in de kamer.

*5*

*Nancy hat eine Katze und einen Hund. Nancys Katze ist im Zimmer unter dem Bett. Nancys Hund ist auch im Zimmer.*

**6**

Er is een man in deze auto. Deze man heeft een kaart. De kaart van de man is groot. Deze man rijdt veel.

*6*

*In dem Auto ist ein Mann. Der Mann hat eine Karte. Die Karte des Mannes ist groß. Dieser Mann fährt viel Auto.*

**7**

Ik ben een student. Ik heb veel vrije tijd. Ik ga naar het uitzendbureau. Ik heb een goede baan nodig.

*7*

*Ich bin Student. Ich habe viel Freizeit. Ich gehe zu einer Arbeitsvermittlung. Ich brauche einen guten Job.*

**8**

Paul en Robert hebben weinig vrije tijd. Zij gaan ook naar het uitzendbureau. Paul heeft een computer. Het agentschap kan Paul een goede baan geven.

*8*

*Paul und Robert haben ein bisschen freie Zeit. Sie gehen auch zu der Arbeitsvermittlung. Paul hat einen Computer. Die Agentur wird ihm vielleicht eine gute Arbeit geben.*

**9**

Linda heeft een nieuw fornuis. Linda's fornuis is goed en schoon. Linda maakt het ontbijt voor haar kinderen. Nancy en David zijn Linda's kinderen. Linda's kinderen drinken veel thee. De moeder drinkt een beetje koffie. Nancy's moeder kan heel weinig Duitse woorden spreken. Ze spreekt

*9*

*Linda hat einen neuen Herd. Lindas Herd ist gut und sauber. Linda macht Frühstück für ihre Kinder. Nancy und David sind Lindas Kinder. Lindas Kinder trinken viel Tee. Die Mutter trinkt ein bisschen Kaffee. Nancys*

heel weinig Duits. Linda heeft een job. Ze heeft weinig vrije tijd.

### 10

Robert kan weinig Engels spreken. Robert kent heel weinig Engelse woorden. Ik ken veel Engelse woorden. Ik kan een beetje Engels spreken. Deze vrouw kent veel Engelse woorden. Zij spreekt goed Engels.

### 11

George werkt in een uitzendbureau. Dit uitzendbureau staat in San Francisco. George heeft een auto. George's auto staat in de straat. George heeft veel werk. Hij moet naar het uitzendbureau gaan. Hij rijdt erheen. George komt aan in het uitzendbureau. Er zijn daar veel studenten. Ze hebben werk nodig. George's baan is de studenten te helpen.

### 12

Er staat een auto bij het hotel. De deuren van deze auto zijn niet schoon.
Veel studenten leven in dit hotel. De kamers van het hotel zijn klein maar schoon. Dit is Roberts kamer. Het venster van de kamer is groot en schoon.

*Mutter kann nur ein paar Wörter auf Deutsch. Sie spricht sehr wenig Deutsch. Linda hat Arbeit. Sie hat wenig Freizeit.*

### *10*

*Robert spricht wenig Englisch. Er kennt nur sehr wenige englische Wörter. Ich kenne viele englische Wörter. Ich spreche ein bisschen Englisch. Diese Frau kennt viele englische Wörter. Sie spricht gut Englisch.*

### *11*

*George arbeitet in einer Arbeitsvermittlung. Diese Arbeitsvermittlung ist in San Francisco. George hat ein Auto. Georges Auto steht an der Straße. George hat viel Arbeit. Er muss in die Agentur gehen. Er fährt mit dem Auto dorthin. George kommt in die Agentur. Dort sind viele Studenten. Sie brauchen Arbeit. Georges Arbeit ist, den Studenten zu helfen.*

### *12*

*Vor dem Hotel steht ein Auto. Die Türen des Autos sind nicht sauber. In diesem Hotel wohnen viele Studenten. Die Zimmer des Hotels sind klein, aber sauber. Das ist Roberts Zimmer. Das Fenster des Zimmers ist groß und sauber.*

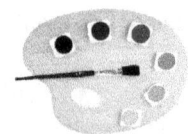

# 7

## David koopt een fiets
*David kauft ein Fahrrad*

### Woordenschat
*Vokabeln*

1. arbeider - der Arbeiter
2. badkamer - das Bad, das Badezimmer; bad - die Badewanne
3. badkamertafel - der Badezimmertisch
4. bus - der Bus; de bus nemen - mit dem Bus fahren
5. centrum - das Zentrum; stadscentrum - das Stadtzentrum
6. dan - dann
7. één voor één - einer nach dem anderen
8. firma - die Firma
9. firmas - die Firmen
10. gezicht - das Gesicht
11. huis - das Zuhause; naar huis gaan - nach Hause gehen
12. kantoor - das Büro
13. keuken - die Küche
14. koffiemachine - die Kaffeemaschine
15. maken - machen
16. met - mit
17. met de fiets rijden - Fahrrad fahren, mit dem Fahrrad fahren
18. nadien - danach
19. ochtend - der Morgen
20. rij - die Schlange
21. snack - der Imbiss

22. sport - der Sport; sportwinkel - das Sportgeschäft
23. sportfiets - das Sportfahrrad
24. tijd - die Zeit
25. vandaag - heute
26. wasmachine - die Waschmaschine
27. wassen - waschen
28. zaterdag - der Samstag

## B

### David koopt een fiets

Het is zaterdagochtend. David gaat naar de badkamer. De badkamer is niet groot. Er is daar een bad, een wasmachine en een badkamertafel. David wast zijn gezicht. Dan gaat hij naar de keuken. Er staat een theemachine op de keukentafel. David eet zijn ontbijt. Davids ontbijt is niet groot. Dan maakt hij een beetje koffie met de koffiemachine en drinkt het. Hij wil vandaag naar een sportwinkel gaan. David gaat de straat op. Hij neemt bus zeven. Het duurt niet lang voor David om naar de winkel te gaan met de bus. David gaat de sportwinkel in. Hij wil een nieuwe sportfiets kopen. Er zijn daar veel sportfietsen. Ze zijn zwart, blauw en groen. David vindt blauwe fietsen leuk. Hij wil een blauwe kopen. Er is een wachtrij in de winkel. Het duurt lang voor David om de fiets te kopen. Dan gaat hij de straat op en rijdt met de fiets. Hij rijdt naar het stadscentrum. Dan rijdt hij van het stadscentrum naar het stadspark. Het is zo leuk om met een nieuwe sportfiets te rijden!
Het is zaterdagochtend maar George is op zijn kantoor. Hij heeft veel werk vandaag. Er is een wachtrij bij George's bureau. Er zijn veel studenten en arbeiders in de wachtrij. Ze hebben een baan nodig. Ze gaan één voor één George zijn bureau in. Ze spreken met George. Dan geeft hij adressen van firma's. Het is nu tijd voor een snack. George maakt een beetje koffie met de koffiemachine. Hij eet zijn snack en drinkt een beetje koffie. Er is nu geen wachtrij bij zijn kantoor. George kan naar

### *David kauft ein Fahrrad*

*Es ist Samstagmorgen. David geht ins Bad. Das Badezimmer ist nicht groß. Dort gibt es eine Badewanne, eine Waschmaschine und einen Badezimmertisch. David wäscht sich das Gesicht. Dann geht er in die Küche. Auf dem Küchentisch steht ein Teekessel. David frühstückt. Davids Frühstück ist nicht groß. Dann macht er Kaffee mit der Kaffeemaschine und trinkt ihn. Er will heute in ein Sportgeschäft. David geht auf die Straße. Er nimmt den Bus 7. David braucht nicht lange, um mit dem Bus zum Laden zu fahren.*
*David geht in das Sportgeschäft. Er will sich ein neues Sportfahrrad kaufen. Es gibt viele Sportfahrräder. Sie sind schwarz, blau und grün. David mag blaue Fahrräder. Er will ein blaues kaufen. Im Laden ist eine Schlange. David braucht lange, um das Fahrrad zu kaufen. Dann geht er auf die Straße und fährt mit dem Fahrrad. Er fährt ins Stadtzentrum. Dann fährt er vom Zentrum in den Stadtpark. Es ist so schön, mit einem neuen Sportfahrrad zu fahren!*
*Es ist Samstagmorgen, aber George ist in seinem Büro. Er hat heute viel zu tun. Vor Georges Büro ist eine Schlange. In der Schlange stehen viele Studenten und Arbeiter. Sie brauchen Arbeit. Sie gehen einer nach dem anderen in Georges Büro. Sie sprechen mit George. Dann gibt er ihnen Adressen von Firmen.*
*Jetzt ist Zeit für einen Imbiss. George macht Kaffee mit der Kaffeemaschine. Er isst seinen Imbiss und trinkt Kaffee. Jetzt ist keine Schlange mehr vor seinem Büro. George kann*

huis gaan. Hij gaat de straat op. Het is zo mooi vandaag! George gaat naar huis. Hij haalt zijn kinderen en gaat naar het stadspark. Ze hebben daar een mooie tijd.

*nach Hause gehen. Er geht auf die Straße. Es ist so ein schöner Tag! George geht nach Hause. Er holt seine Kinder ab und geht in den Stadtpark. Dort haben sie eine schöne Zeit.*

# 8

## Linda wil een nieuwe DVD kopen
*Linda will eine neue DVD kaufen*

### A

#### Woordenschat
*Vokabeln*

1. avontuur - das Abenteuer
2. dan - als; George is ouder dan Linda - George ist älter als Linda.
3. dat - dass; Ik weet dat dit book interessant is. - Ich weiß, dass dieses Buch interessant ist.
4. doos - die Kiste
5. duren - dauern; De film duurt langer dan drie uur. - Der Film dauert mehr als 3 Stunden.
6. DVD - die DVD
7. favoriete - Lieblings
8. favoriete film - der Lieblingsfilm
9. film - der Film
10. geven - geben
11. groot / groter / grootst - groß / größer / am größten
12. interessant - interessant
13. jong - jung
14. lang - lang
15. meer - mehr
16. mok - die Tasse
17. tonen - zeigen
18. twintig - zwanzig

19. uur - die Stunde
20. verkoper, verkoopster - der Verkäufer, die Verkäuferin
21. videocassette - die Videokassette
22. videotheek - die Videothek
23. vijftien - fünfzehn
24. vragen - bitten, fragen
25. vriendelijk - freundlich
26. weggaan - weggehen
27. zeggen - sagen

## B

### Linda wil een nieuwe DVD kopen

David en Nancy zijn Linda's kinderen. Nancy is het jongste kind. Ze is vijf jaar oud. David is vijftien jaar ouder dan Nancy. Hij is twintig. Nancy is veel jonger dan David.
Nancy, Linda en David zijn in de keuken. Ze drinken thee. Nancy's mok is groot. Linda's mok is groter. Davids mok is de grootste.
Linda heeft veel videocassettes en DVD's met interessante films. Ze wil een nieuwere film kopen. Ze gaat naar de videotheek. Er zijn daar veel dozen met videocassettes en DVD's. Ze vraagt een verkoopster om haar te helpen. De verkoopster geeft haar enkele cassettes. Linda wil meer weten over deze films maar de verkoopster gaat weg.
Er is nog één extra verkoopster in de winkel en zij is vriendelijker. Ze vraagt Linda naar haar favoriete films. Linda houdt van romantische films en avonturenfilms. De film "Titanic" is haar favoriete film. De verkoopster toont Linda een DVD met de nieuwste Hollywood film "De Duitse vriend". Het gaat over de romantische avonturen van een man en een jonge vrouw in de VS.
Ze toont Linda ook een DVD met de film "De firma". De verkoopster zegt dat de film "De firma" één van de meest interessante films is. En het is ook één van de langste films. Hij is meer dan drie uur lang. Linda houdt van langere films. Ze zegt dat "Titanic" de interessantste en

### Linda will eine neue DVD kaufen

*David und Nancy sind Lindas Kinder. Nancy ist die Jüngste. Sie ist fünf. David ist fünfzehn Jahre älter als Nancy. Er ist zwanzig. Nancy ist viel jünger als David.*

*Nancy, Linda und David sind in der Küche. Sie trinken Tee. Nancys Tasse ist groß. Lindas Tasse ist größer. Davids Tasse ist am größten.*

*Linda hat viele Videokassetten und DVDs mit interessanten Filmen. Sie will einen neueren Film kaufen. Sie geht in eine Videothek. Dort sind viele Kisten mit Videokassetten und DVDs. Sie bittet einen Verkäufer, ihr zu helfen. Der Verkäufer gibt Linda ein paar Filme. Linda will mehr über diese Filme wissen, aber der Verkäufer geht weg.*
*Es gibt eine andere Verkäuferin im Laden und sie ist freundlicher. Sie fragt Linda nach ihren Lieblingsfilmen. Linda mag romantische Filme und Abenteuerfilme. Der Film ‚Titanic' ist ihr Lieblingsfilm. Die Verkäuferin zeigt Linda eine DVD mit dem neusten Hollywoodfilm 'Der deutsche Freund'. Er handelt von den romantischen Abenteuern eines Mannes und einer jungen Frau in den USA.*

*Sie zeigt Linda auch eine DVD mit dem Film ‚Die Firma'. Die Verkäuferin sagt, dass der Film ‚Die Firma' einer der interessantesten Filme ist. Und auch einer der längsten. Er dauert mehr als drei Stunden. Linda mag längere Filme. Sie sagt, dass ‚Titanic' der interessanteste und der längste Film ist, den sie*

langste film is die ze heeft. Linda koopt een DVD met de film "De firma". Ze bedankt de verkoopster en gaat.

*hat. Linda kauft die DVD mit dem Film 'Die Firma'. Sie bedankt sich bei der Verkäuferin und geht.*

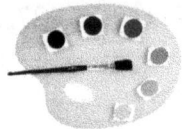

# 9

## Paul luistert naar Duitse liedjes
*Paul hört deutsche Musik*

## A

### Woordenschat
*Vokabeln*

1. beginnen - anfangen
2. boter - die Butter
3. brood - das Brot
4. buiten gebruik - außer Betrieb
5. dag - der Tag
6. dichtbij - in der Nähe
7. elke - jeder, jede, jedes
8. familie - die Familie
9. heel - sehr
10. hoed - der Hut
11. hoofd - der Kopf; gaan - gehen
12. leuk vinden - gefallen; ik vind dat leuk - Das gefällt mir.
13. minuut - die Minute
14. naam - der Name; nennen
15. omdat - weil
16. omgeving, nabijgelegen - die Nähe
17. ongeveer - etwa
18. rennen, lopen - rennen, joggen, laufen
19. simpel - einfach
20. slaapzaal, studentenwoning - das Studentenwohnheim
21. springen - springen
22. telefoneren - anrufen
23. telefoneren - rufen; callcenter - das Callcenter

24. telefoon - das Telefon; telefoneren - telefonieren
25. voor - vor
26. zak, tas - die Tasche
27. zich schamen - sich schämen; hij schaamt zich - er schämt sich
28. zin - der Satz
29. zingen - singen; zanger - der Sänger

## B

### Paul luistert naar Duitse liedjes

Carol is een student. Ze is twintig jaar. Carol komt uit Spanje. Ze leeft in de studentenwoning. Ze is een heel mooi meisje. Carol heeft een blauwe jurk aan. Op haar hoofd heeft ze een hoed.
Carol wil vandaag met haar familie telefoneren. Ze gaat naar de telefooncel want haar telefoon is buiten gebruik. De telefooncel is voor het café. Carol belt haar familie. Ze spreekt met haar moeder en vader. Het telefoongesprek duurt ongeveer vijf minuten. Dan belt ze haar vriendin Angela. Dit telefoongesprek duurt ongeveer drie minuten.
Robert houdt van sport. Hij loopt elke ochtend in het park dichtbij de studentenwoning. Hij loopt vandaag ook. Hij springt ook. Zijn sprongen zijn heel ver. Paul en David lopen en springen met Robert. Davids sprongen zijn verder. Pauls sprongen zijn de verste. Hij springt het best van allen. Dan lopen Robert en Paul naar de studentenwoning en David loopt naar huis.
Robert ontbijt in zijn kamer. Hij neemt brood en boter. Hij maakt koffie met de koffiemachine. Dan botert hij het brood en eet.
Robert leeft in de studentenwoning in San Francisco. Zijn kamer is dichtbij Pauls kamer. Roberts kamer is niet groot. Het is schoon omdat Robert elke dag schoonmaakt. Er is een tafel, een bed, een paar stoelen en een beetje meubilair in zijn kamer. Roberts boeken en notitieboeken liggen op tafel. Zijn tas ligt onder de tafel. De stoelen staan bij de

### Paul hört deutsche Musik

*Carol ist Studentin. Sie ist zwanzig. Carol kommt aus Spanien. Sie wohnt im Studentenwohnheim. Sie ist ein sehr nettes Mädchen. Carol hat ein blaues Kleid an. Auf dem Kopf hat sie einen Hut.*
*Carol will heute ihre Familie anrufen. Sie geht ins Callcenter, weil ihr Telefon außer Betrieb ist. Das Callcenter ist vor dem Café. Carol ruft ihre Familie an. Sie spricht mit ihrer Mutter und ihrem Vater. Der Anruf dauert etwa fünf Minuten. Dann ruft sie ihre Freundin Angela an. Dieser Anruf dauert etwa drei Minuten.*
*Robert mag Sport. Er geht jeden Morgen im Park in der Nähe des Studentenwohnheims joggen. Heute läuft er auch. Er springt auch. Er springt sehr weit. Paul und David laufen und springen mit Robert. David springt weiter. Paul springt am weitesten. Er springt am besten von allen. Dann laufen Robert und Paul zum Studentenwohnheim und David nach Hause.*
*Robert frühstückt in seinem Zimmer. Er holt Brot und Butter. Er macht Kaffee mit der Kaffeemaschine. Dann bestreicht er das Brot mit Butter und isst.*
*Robert wohnt im Studentenwohnheim in San Francisco. Sein Zimmer ist in der Nähe von Pauls Zimmer. Roberts Zimmer ist nicht groß. Es ist sauber, weil Robert es jeden Tag sauber macht. In seinem Zimmer stehen ein Tisch, ein Bett, ein paar Stühle und ein paar andere Möbel. Roberts Bücher und Notizbücher liegen auf dem Tisch. Seine Tasche ist unter dem Tisch. Die Stühle stehen am Tisch.*

tafel. Robert neemt een paar CD's in zijn hand en gaat naar Paul want Paul wil luisteren naar Duitse muziek.

Paul zit in zijn kamer aan de tafel. Zijn kat is onder de tafel. Er is een beetje brood voor de kat. De kat eet het brood. Robert geeft de CD's aan Paul. Op de CD's staat de beste Duitse muziek. Paul wil ook de namen weten van de Duitse zangers. Robert noemt zijn favoriete zangers. Hij noemt Blümchen, Nena en Herbert Grönemeyer. Deze namen zijn nieuw voor Paul.

Hij luistert naar de CD's en begint dan Duitse liedjes te zingen! Hij vindt deze liedjes heel leuk. Paul vraagt Robert om de woorden van de liedjes op te schrijven. Robert schrijft de woorden van de beste Duitse liedjes voor Paul op. Paul zegt dat hij de woorden van sommige liedjes wil leren en vraagt Robert om hem te helpen. Robert helpt Paul met het leren van de Duitse woorden. Dit duurt heel lang want Robert spreekt niet goed Engels. Robert schaamt zich. Hij kan sommige simpele zinnen niet uitspreken. Robert gaat dan naar zijn kamer en leert Engels.

*Robert nimmt ein paar CDs in die Hand und geht zu Pauls Zimmer, weil Paul deutsche Musik hören will.*

*Paul sitzt in seinem Zimmer am Tisch. Seine Katze ist unter dem Tisch. Vor der Katze liegt etwas Brot. Die Katze isst das Brot. Robert gibt Paul die CDs. Auf den CDs ist die beste deutsche Musik. Paul will auch die Namen der deutschen Sänger wissen. Robert nennt seine Lieblingssänger. Er nennt Jan Delay, Nena und Herbert Grönemeyer. Diese Namen sind Paul neu.*

*Er hört die CDs an und beginnt dann, die deutschen Lieder zu singen! Ihm gefallen die Lieder sehr. Paul bittet Robert, den Text der Lieder aufzuschreiben. Robert schreibt die Texte der besten deutschen Lieder für Paul auf. Paul sagt, dass er die Texte von ein paar Liedern lernen will, und bittet Robert um Hilfe. Robert hilft Paul, die deutschen Texte zu lernen. Es dauert sehr lange, weil Robert nicht gut Englisch spricht. Robert schämt sich. Er kann nicht einmal ein paar einfache Sätze sagen! Dann geht Robert in sein Zimmer und lernt Englisch.*

# 10

**Paul koopt vakboeken over design**
*Paul kauft Fachbücher über Design*

## A

**Woordenschat**
*Vokabeln*

1. bekijken - schauen, betrachten
2. betalen - zahlen
3. dag, bye - tschüss
4. design - das Design
5. enkel - nur
6. enkele - irgendwelche
7. foto - das Foto
8. goed - gut
9. hallo - hallo
10. hem - ihm
11. kiezen - wählen, aussuchen
12. kijken - sehen
13. kosten - kosten
14. les - die Aufgabe, Lektion
15. moedertaal - die Muttersprache
16. programma - das Programm
17. soort - die Art
18. studeren - studieren
19. taal - die Sprache
20. uitleggen - erklären
21. universiteit - die Universität, die Uni
22. vakboeken - das Fachbuch
23. werkelijk - wirklich

## B

**Paul koopt vakboeken over design**

Paul is Canadees en Engels is zijn moedertaal. Hij studeert design aan de universiteit in San Francisco.

Het is zaterdag vandaag en Paul heeft veel vrije tijd. Hij wil enkele boeken over design kopen. Hij gaat naar de nabijgelegen boekenwinkel. Zij kunnen vakboeken over design hebben. Hij komt in de winkel en bekijkt de tafels met boeken. Een vrouw komt naar Paul. Zij is een verkoopster.
"Hallo. Kan ik je helpen?" vraagt de verkoopster.
"Hallo," zegt Paul, "Ik studeer design aan de universiteit. Ik heb enkele vakboeken nodig. Heb je enkele vakboeken over design?" vraagt Paul haar.
"Welk soort design? We hebben enkele vakboeken over meubeldesign, autodesign, sportdesign, en webdesign," legt ze aan hem uit.
"Kan je me enkele vakboeken over meubeldesign en webdesign tonen?" zegt Paul tegen haar.
"Je kan de boeken kiezen van de volgende tafels. Bekijk ze. Dit is een boek van de Italiaanse meubeldesigner Palatino. Deze designer legt het design van Italiaanse meubels uit. Hij legt ook het meubeldesign uit Europa en de VS uit. Er zijn daar enkele mooie foto's," legt de verkoopster uit.
"Ik zie dat er ook enkele lessen in het boek zijn. Dit boek is heel goed. Hoeveel kost het?" vraagt Paul haar.
"Het kost 52 dollars. En bij het boek zit ook een CD. Er is een computerprogramma voor meubeldesign op de CD," zegt de verkoopster.
"Ik vind het heel leuk," zegt Paul.
"Je kan daar enkele vakboeken over webdesign zien," legt de vrouw hem uit.

*Paul kauft Fachbücher über Design*

*Paul ist Kanadier und seine Muttersprache ist Englisch. Er studiert Design an der Universität in San Francisco.*

*Heute ist Samstag und Paul hat viel Freizeit. Er will ein paar Bücher über Design kaufen. Er geht zum Buchladen in der Nähe. Der könnte Fachbücher über Design haben. Er kommt in den Laden und betrachtet den Tisch mit Büchern. Eine Frau kommt zu Paul. Sie ist eine Verkäuferin.*
*„Hallo, kann ich Ihnen helfen?", fragt ihn die Verkäuferin.*
*„Hallo", sagt Paul. „Ich studiere Design an der Universität. Ich brauche ein paar Fachbücher. Haben Sie irgendwelche Fachbücher über Design?", fragt Paul.*
*„Welche Art von Design? Wir haben Fachbücher über Möbeldesign, Autodesign, Sportdesign oder Internetdesign", erklärt sie ihm.*
*„Können Sie mir Fachbücher über Möbeldesign und Internetdesign zeigen?", fragt Paul.*
*„Sie können sich Bücher von den nächsten Tischen aussuchen. Schauen Sie sie sich an. Dies ist ein Buch von dem italienischen Möbeldesigner Palatino. Dieser Designer erklärt das Design italienischer Möbel. Er erklärt auch europäisches und amerikanisches Möbeldesign. In dem Buch sind einige gute Bilder", erklärt die Verkäuferin.*
*„Ich sehe, dass das Buch auch Aufgaben enthält. Dieses Buch ist wirklich gut. Wie viel kostet es?", fragt Paul.*
*„Es kostet zweiundfünfzig Dollar. Und mit dem Buch kommt eine CD. Auf der CD ist ein Computerprogramm für Möbeldesign", sagt die Verkäuferin.*
*„Das gefällt mir wirklich", sagt Paul.*
*„Dort können Sie sich ein paar Fachbücher*

"Dit boek gaat over het computerprogramma Microsoft Office. En deze boeken gaan over het computerprogramma Flash. Bekijk dit rode boek. Het gaat over Flash en heeft enkele interessante lessen. Kies maar, alsjeblieft."
"Hoeveel kost dit rode boek?" vraagt Paul haar.
"Dit boek met twee CD's kost slechts 43 dollar," zegt de verkoopster hem.
"Ik wil dit boek van Palantino over meubeldesign en dit rode boek over flash kopen. Hoeveel moet ik voor hen betalen?" vraagt Paul.
"Je moet 95 dollar betalen voor deze twee boeken," zegt de verkoopster hem.
Paul betaalt. Dan neemt hij de boeken en de CD's.
"Tot ziens," zegt de verkoopster tegen hem.
"Tot ziens," zegt Paul tegen haar en gaat.

über Internetdesign anschauen", erklärt ihm die Frau. „Dieses Buch ist über das Computerprogramm Microsoft Office. Und diese Bücher sind über das Computerprogramm Flash. Schauen Sie sich dieses rote Buch an. Es ist über Flash und es enthält einige interessante Lektionen. Suchen Sie sich eins aus."
„Wie viel kostet das rote Buch?", fragt Paul.
„Dieses Buch mit zwei CDs kostet nur dreiundvierzig Dollar", sagt die Verkäuferin.
„Ich möchte das Buch von Palatino über Möbeldesign und das rote Buch über Flash kaufen. Wie viel muss ich dafür zahlen?", fragt Paul.
„Sie müssen fünfundneunzig Dollar für diese zwei Bücher zahlen", sagt die Verkäuferin.
Paul zahlt. Dann nimmt er die Bücher und die CDs.
„Tschüss", sagt die Verkäuferin zu ihm.
„Tschüss", sagt Paul und geht.

# 11

## Robert wil een beetje geld verdienen (deel 1)
*Robert will ein bisschen Geld verdienen (Teil 1)*

### A

**Woordenschat**
*Vokabeln*

1. aankomst - das Ende; aankomen - beenden
2. antwoorden - antworten, erwidern; antwoord - die Antwort
3. begrijpen - verstehen
4. beter - besser
5. dag - der Tag; dagelijks - täglich, jeden Tag
6. deel - der Teil
7. doos - die Kiste
8. duidelijk - gut, alles klar
9. energie - die Energie
10. laden - beladen; lader - der Verlader
11. lijst - die Liste
12. moeilijk - schwer
13. na - nach
14. nog één - noch einen
15. normaal - normal
16. normaal - normalerweise
17. notitie - die Notiz
18. nummer - die Nummer
19. personeelsafdeling - die Personalabteilung
20. snel - schnell

21. transport - der Transport
22. truck - der Lastwagen
23. uur - die Stunde; per uur - stündlich
24. uur - Uhr; Het is twee uur - Es ist zwei Uhr.
25. verdienen - verdienen; Ik verdien 10 dollar per uur. - Ich verdiene zehn Dollar pro Stunde.
26. wordt vervolgd - Fortsetzung folgt

## Robert wil een beetje geld verdienen (deel 1)

Robert heeft dagelijks vrije tijd na de lessen. Hij wil een beetje geld verdienen. Hij gaat naar een uitzendbureau. Zij geven hem het adres van een transportfirma. De transportfirma *Rapid* zoekt een lader. Dit werk is heel zwaar. Maar ze betalen 11 dollar per uur. Robert wil deze job nemen. Dus hij gaat naar het bureau van de transportfirma.
"Hallo. Ik heb een notitie voor jou van het uitzendbureau," zegt Robert tegen een vrouw in de personeelsafdeling van de firma. Hij geeft haar de notitie.
"Hallo," zegt de vrouw, "Mijn naam is Margaret Bird. Ik ben het hoofd van de personeelsafdeling. Wat is jouw naam?"
"Mijn naam is Robert Genscher," zegt Robert.
"Ben jij Amerikaans?" vraagt Margaret.
"Nee. Ik ben Duits," antwoord Robert.
"Kan je goed Engels spreken en lezen?" vraagt ze.
"Ja, dat kan ik," zegt hij.
"Hoe oud ben je, Robert?" vraagt ze
"Ik ben twintig jaar," antwoordt Robert.
"Wil je werken voor de transportfrma als lader?" vraagt het hoofd van de personeelsafeling hem.
Robert schaamt zich om te zeggen dat hij geen betere baan kan vinden omdat hij niet goed Engels spreekt. Dus zegt hij "Ik wil elf dollar per uur verdienen."
"Wel, wel," zegt Margaret, "Onze

## *Robert will ein bisschen Geld verdienen (Teil 1)*

*Robert hat jeden Tag nach der Universität freie Zeit. Er will ein bisschen Geld verdienen. Er geht in eine Arbeitsvermittlung. Sie geben ihm die Adresse einer Transportfirma. Die Transportfirma Rapid braucht einen Verlader. Diese Arbeit ist wirklich schwer. Aber sie bezahlen elf Dollar pro Stunde. Robert will den Job annehmen. Also geht er zum Büro der Transportfirma. „Hallo. Ich habe eine Notiz für Sie von einer Arbeitsvermittlung", sagt Robert zu einer Frau in der Personalabteilung der Firma. Er gibt ihr die Notiz.*
*„Hallo", sagt die Frau. „Ich bin Margaret Bird. Ich bin die Leiterin der Personalabteilung. Wie heißen Sie?"*
*„Ich heiße Robert Genscher", sagt Robert.*
*„Sind Sie Amerikaner?", fragt Margaret.*
*„Nein, ich bin Deutscher", antwortet Robert.*
*„Können Sie gut Englisch sprechen und schreiben?", fragt sie.*
*„Ja", sagt er.*
*„Wie alt sind Sie?", fragt sie.*
*„Ich bin zwanzig", antwortet Robert.*
*„Wollen Sie in der Transportfirma als Verlader arbeiten?", fragt ihn die Leiterin der Personalabteilung.*
*Robert schämt sich, zu sagen, dass er keine bessere Arbeit haben kann, weil er nicht gut Englisch spricht. Deswegen sagt er: „Ich möchte elf Dollar pro Stunde verdienen."*
*„Na gut", sagt Margaret. „Normalerweise hat unsere Transportfirma nicht viel Verladearbeit. Aber gerade brauchen wir*

transportfirma heeft normaal niet veel laadwerk. Maar nu hebben we echt één extra lader nodig. Kan je snel dozen van 20 kilogram laden?"
"Ja. Ik heb veel energie," antwoordt Robert.
"We hebben dagelijks een lader nodig voor drie uur. Kan je werken van vier tot zeven uur?" vraagt ze.
"Ja, mijn lessen eindigen om één uur," antwoordt de student haar.
"Wanneer kan je met het werk beginnen?" vraagt het hoofd van de personeelsafdeling hem.
"Ik kan nu beginnen," antwoordt Robert.
"Wel, bekijk deze laadlijst. Er staan enkele namen van firma's en winkels op deze lijst," legt Margaret uit. "Elke firma en winkel heeft enkele nummers. Dat zijn nummers van de dozen. En dit zijn de nummers van de trucks waar je deze dozen moet laden. De trucks komen en gaan elk uur. Dus je moet snel werken. Ok?"
"Ok," antwoordt Robert, Margaret niet goed verstaand.
"Nu, neem deze laadlijst en ga naar laaddeur nummer drie," zegt het hoofd van de personeelsafdeling tegen Robert. Robert neemt de laadlijst en gaat aan het werk.
(wordt vervolgd)

*wirklich noch einen Verlader. Können Sie schnell Kisten mit zwanzig Kilogramm Ladung verladen?"*
*„Ja, das kann ich. Ich habe viel Energie", antwortet Robert.*
*„Wir brauchen einen Verlader für drei Stunden täglich. Können Sie von vier bis sieben Uhr arbeiten?", fragt sie.*
*„Ja, mein Unterricht endet um ein Uhr", antwortet der Student.*
*„Wann können Sie anfangen, zu arbeiten?", fragt ihn die Leiterin der Personalabteilung.*
*„Ich kann jetzt anfangen", erwidert Robert.*
*„Gut. Schauen Sie sich diese Ladeliste an. Dort stehen Namen von Firmen und Läden", erklärt Margaret. „Bei jeder Firma und jedem Laden stehen ein paar Nummern. Das sind die Nummern der Kisten. Und das sind die Nummern der Lastwägen, auf die Sie die Kisten laden müssen. Die Lastwägen kommen und gehen stündlich. Sie müssen also schnell arbeiten. Alles klar?"*
*„Alles klar", antwortet Robert, ohne Margaret richtig zu verstehen.*
*„Nehmen Sie jetzt diese Ladeliste und gehen Sie zur Ladetür Nummer drei", sagt die Leiterin der Personalabteilung zu Robert. Robert nimmt die Ladeliste und geht arbeiten.*
*(Fortsetzung folgt)*

# 12

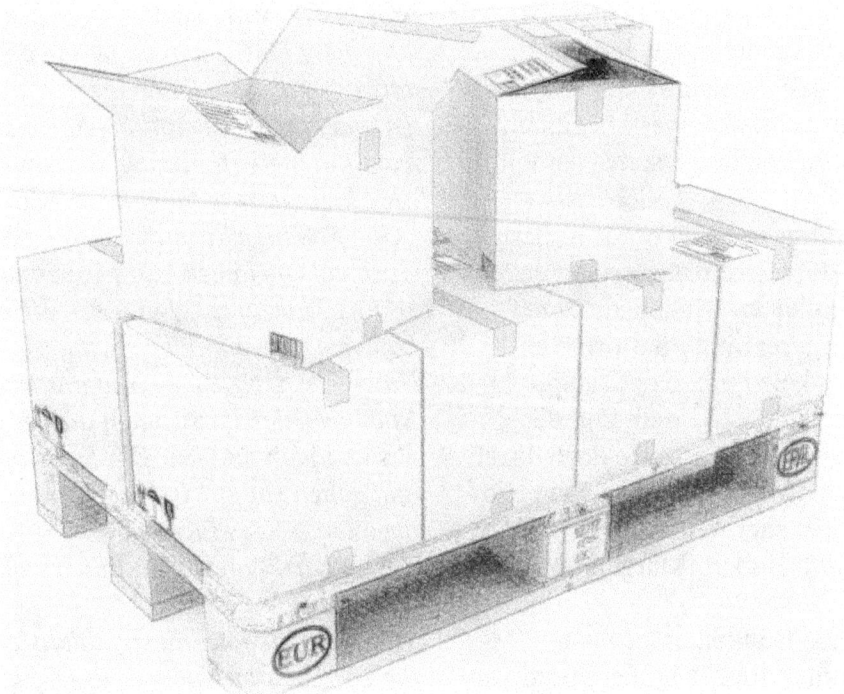

## Robert wil een beetje geld verdienen (deel 2)
*Robert will ein bisschen Geld verdienen (Teil 2)*

### A

**Woordenschat**
*Vokabeln*

1. brengen - bringen
2. chauffeur - der Fahrer
3. correct - richtig; corrigeren - korrigieren
4. fout, verkeerd - falsch
5. gelukkig, blij - froh
6. haten - hassen
7. hier - hier (Ort)
8. hier - hierher (Richtung)
9. hier is - hier ist
10. hun - ihr
11. in plaats van - anstelle von; in plaats van jou - an deiner Stelle
12. jouw - dein
13. leraar - der Lehrer
14. maandag - Montag
15. mama, moeder - Mama, die Mutter
16. Mijnheer, Mr. - Herr, Hr.
17. ontmoeten - treffen, kennenlernen
18. opstaan - aufstehen; Sta op! - Steh auf!
19. reden - der Grund
20. rijden - fahren

21. slecht - schlecht
22. spijt hebben - leid tun; Het spijt me - Es tut mir leid.
23. terug - zurück
24. wandelen - gehen
25. zoon - der Sohn

### Robert wil een beetje geld verdienen (deel 2)

Er zijn veel trucks bij laaddeur nummer drie. Ze komen terug met hun lading. Het hoofd van de personeelsafdeling en het hoofd van de firma komen erheen. Ze gaan naar Robert. Robert is dozen in de truck aan het laden. Hij werkt snel.
"Hey Robert! Kom alstublieft hierheen," roept Margaret, "Dit is het hoofd van de firma, Mr. Profit."
"Ik ben blij om je te ontmoeten," zegt Robert naar hen toegaand.
"Insgelijks," antwoord Mr. Profit, "Waar is je laadlijst?"
"Hij is hier," Robert geeft hem de laadlijst.
"Wel wel," zegt Mr. Profit kijkend in de lijst, "Kijk naar deze trucks. Zij komen terug met hun lading omdat je de dozen verkeerd hebt geladen. Deze dozen met boeken werden naar een meubelwinkel gebracht in plaats van de boekenwinkel, de dozen met videocassettes en DVD's naar een café in plaats van de videotheek en de dozen met sandwiches naar de videotheek in plaats van het café! Dit is slecht werk. Sorry maar je kan niet voor onze firma werken," zegt Mr. Profit en wandelt terug naar zijn bureau. Robert kan de dozen niet correct laden omdat hij heel weinig Engelse woorden kan lezen en verstaan. Margaret kijkt naar hem. Robert schaamt zich.
"Robert, je kan je Engels verbeteren en dan terugkomen. Ok?" zegt Margaret.
"Ok," antwoordt Robert, "Tot ziens Margaret."
"Tot Ziens Robert," antwoordt Margaret.

### *Robert will ein bisschen Geld verdienen (Teil 2)*

*An der Ladetür Nummer 3 stehen viele Lastwagen. Sie kommen mit ihrer Ladung zurück. Die Leiterin der Personalabteilung und der Firmenchef kommen dorthin. Sie gehen zu Robert. Robert lädt Kisten in einen Lastwagen. Er arbeitet schnell.*
*„Hey Robert! Komm bitte hierher!", ruft Margaret. „Das ist der Chef der Firma, Herr Profit."*
*„Es freut mich, Sie kennenzulernen", sagt Robert auf sie zugehend.*
*„Mich auch", antwortet Hr. Profit. „Wo ist Ihre Ladeliste?"*
*„Hier ist sie." Robert gibt ihm die Ladeliste.*
*„Na gut", sagt Hr. Profit, während er auf die Liste schaut. „Schauen Sie sich diese Lastwagen an. Sie bringen ihre Fracht zurück, weil Sie die Kisten falsch verladen haben. Die Kisten mit Büchern werden zu einem Möbelladen gebracht anstelle von einem Buchladen, die Kisten mit Videos und DVDs zu einem Café anstelle von einer Videothek und die Kisten mit Sandwiches zu einer Videothek anstelle von einem Café! Das ist schlechte Arbeit. Es tut mir leid, aber Sie können nicht in unserer Firma arbeiten", sagt Hr. Profit und geht zurück in sein Büro.*
*Robert kann die Kisten nicht richtig verladen, weil er nur sehr wenig Englisch lesen und verstehen kann. Margaret sieht ihn an. Robert schämt sich.*
*„Robert, du kannst dein Englisch verbessern und dann wiederkommen, ok?", sagt Margaret.*
*„Ok", antwortet Robert. „Tschüss Margaret".*
*„Tschüss Robert", antwortet Margaret.*

Robert gaat naar huis. Hij wil nu zijn Engels verbeteren en dan een nieuwe baan zoeken.

### Het is tijd om naar de universiteit te gaan

Maandagochtend komt er een moeder in de kamer en wekt haar zoon.
"Sta op, het is zeven uur. Het is tijd om naar de universiteit te gaan!"
"Maar waarom, Moeder? Ik wil niet gaan."
"Noem me twee redenen waarom je niet wil gaan," zegt de moeder tegen de zoon.
"De studenten haten mij en de leraars haten me ook!"
"Oh, dat zijn geen redenen om niet naar de universiteit te gaan. Sta op!"
"Ok, noem me twee redenen waarom ik naar de universiteit moet," zegt hij tegen zijn moeder.
"Wel, ten eerste, je bent 55jaar oud. En ten tweede ben je het hoofd van de universiteit. Sta nu op!"

*Robert geht nach Hause. Er will jetzt sein Englisch verbessern und sich dann eine neue Arbeit suchen.*

### *Es ist an der Zeit, in die Uni zu gehen*

*An einem Montagmorgen kommt eine Mutter ins Zimmer, um ihren Sohn aufzuwecken.*
*„Steh auf, es ist sieben Uhr. Es ist an der Zeit, in die Uni zu gehen!"*
*„Aber warum, Mama? Ich will nicht gehen."*
*„Nenne mir zwei Gründe, warum du nicht gehen willst", sagt die Mutter zu ihrem Sohn.*
*„Die Studenten hassen mich und die Lehrer auch!"*
*„Oh, das sind keine Gründe, um nicht in die Uni zu gehen. Steh auf!"*
*„Ok. Nenn mir zwei Gründe, warum ich in die Uni muss", sagt er zu seiner Mutter.*
*„Gut, einerseits, weil du fünfundfünfzig Jahre alt bist. Und andererseits, weil du der Direktor der Universität bist! Steh jetzt auf!"*

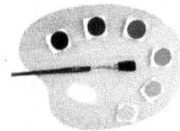

# Fortgeschrittene Anfänger Stufe A2

# 13

## De naam van het hotel
*Der Name des Hotels*

### A

**Woordenschat**

1. advertentie - die Werbung
2. al - schon
3. avond - der Abend
4. boven, over - über
5. brug - die Brücke
6. dan - dann
7. dom - dumm
8. door - hindurch
9. een andere - ein anderer, eine andere, ein anderes
10. gaan - gehen
11. kwaad - wütend
12. lach - das Lächeln
13. lachen - lächeln
14. lift - der Aufzug
15. meer - der See
16. moe - müde
17. naar beneden - nach unten
18. nacht - die Nacht
19. nu - jetzt, zurzeit, gerade
20. openen - öffnen
21. opnieuw - wieder
22. Polen - Polen
23. rond - rund
24. slapen - schlafen
25. staan - stehen
26. stoppen - anhalten
27. taxi - das Taxi
28. taxichauffeur - der Taxifahrer
29. te voet - zu Fuß
30. tonen - zeigen
31. verleden - vorbei
32. verrassen - überraschen
33. verrassing - die Überraschung
34. verrast - überrascht, verwundert
35. vinden - finden
36. voet - der Fuß
37. weg - der Weg
38. weg - weg
39. zien - sehen

# B

## De naam van het hotel

Dit is een student. Zijn naam is Kasper. Kasper komt uit Polen. Hij spreekt geen Engels. Hij wil Engels leren aan een universiteit in de VS. Kasper leeft nu in een hotel in San Francisco.
Hij is nu in zijn kamer. Hij bekijkt de kaart. De kaart is heel goed. Kasper ziet straten, pleinen en winkels op de kaart. Hij verlaat de kamer en gaat door de lange gang naar de lift. De lift neemt hem naar beneden. Kasper gaat door de grote hal en verlaat het hotel. Hij stopt dichtbij het hotel en schrijft de naam van het hotel in zijn notitieboek.
Er is een rond plein en een meer bij het hotel. Kasper loopt over het plein naar het meer. Hij wandelt rond het meer naar de brug. Veel auto's, trucks en mensen gaan over de brug. Kasper gaat onder de brug. Dan wandelt hij door een straat naar het stadscentrum. Hij loopt langs veel mooie gebouwen. Het is al avond. Kasper is moe en hij wil terug naar het hotel. Hij stopt een taxi, opent dan zijn notitieboek en toont de naam van het hotel aan de taxichauffeur. De taxichauffeur kijkt in het notitieboek, lacht en rijdt weg. Kasper kan het niet begrijpen. Hij kijkt in zijn notitieboek. Dan stopt hij een andere taxi en toont opnieuw de naam van het hotel aan de taxichauffeur. De chauffeur kijkt in het notitieboek. dan bekijkt hij Kasper, lacht en rijdt ook weg.
Kasper is verrast. Hij stopt een andere taxi. Maar deze taxi rijdt ook weg. Kasper begrijpt het niet. Hij is verrast en kwaad. Maar hij is niet dom. Hij opent de kaart en vindt de weg naar het hotel. Hij gaat te voet terug naar het hotel. Het is nacht. Kasper ligt in zijn bed. Hij slaapt. De sterren schijnen in zijn kamer door het venster. Het notitieboek ligt op tafel. Het is open. "Ford is de beste auto". Dit is niet de naam van het hotel. Dit is een advertentie op het hotel.

## *Der Name des Hotels*

*Das ist ein Student. Er heißt Kasper. Kasper kommt aus Polen. Er spricht kein Englisch. Er will an einer Universität in den USA Englisch lernen. Kasper wohnt zurzeit in einem Hotel in San Francisco.*
*Gerade ist er in seinem Zimmer. Er schaut auf die Karte. Diese Karte ist sehr gut. Kasper sieht Straßen, Plätze und Läden auf der Karte. Er geht aus dem Zimmer und durch den langen Gang zum Aufzug. Der Aufzug bringt ihn nach unten. Kasper geht durch die große Halle und aus dem Hotel. Er hält in der Nähe des Hotels an und schreibt den Namen des Hotels in sein Notizbuch.*
*Beim Hotel gibt es einen runden Platz und einen See. Kasper geht über den Platz zum See. Er geht um den See zur Brücke. Viele Autos, Lastwägen und Menschen überqueren die Brücke. Kasper geht unter der Brücke hindurch. Dann geht er eine Straße entlang zum Stadtzentrum. Er geht an vielen schönen Gebäuden vorbei.*
*Es ist schon Abend. Kasper ist müde und will zurück ins Hotel gehen. Er hält ein Taxi an, öffnet dann sein Notizbuch und zeigt dem Taxifahrer den Namen des Hotels. Der Taxifahrer schaut in das Notizbuch, lächelt und fährt weg. Kasper versteht nichts. Er steht da und schaut in sein Notizbuch. Dann hält er ein anderes Taxi an und zeigt dem Taxifahrer wieder den Namen des Hotels. Der Fahrer schaut in das Notizbuch. Dann schaut er Kasper an, lächelt und fährt auch weg.*
*Kasper ist verwundert. Er hält ein anderes Taxi an. Aber auch dieser Taxifahrer fährt weg. Kasper kann das nicht verstehen. Er ist verwundert und wütend. Aber er ist nicht dumm. Er öffnet seine Karte und findet den Weg zum Hotel. Er kehrt zu Fuß zum Hotel zurück.*
*Es ist Nacht. Kasper ist in seinem Bett. Er schläft. Die Sterne schauen durch das Fenster ins Zimmer. Das Notizbuch liegt auf dem Tisch. Es ist offen. „Ford ist das beste Auto". Das ist nicht der Name des Hotels. Das ist Werbung am Hotelgebäude.*

# 14

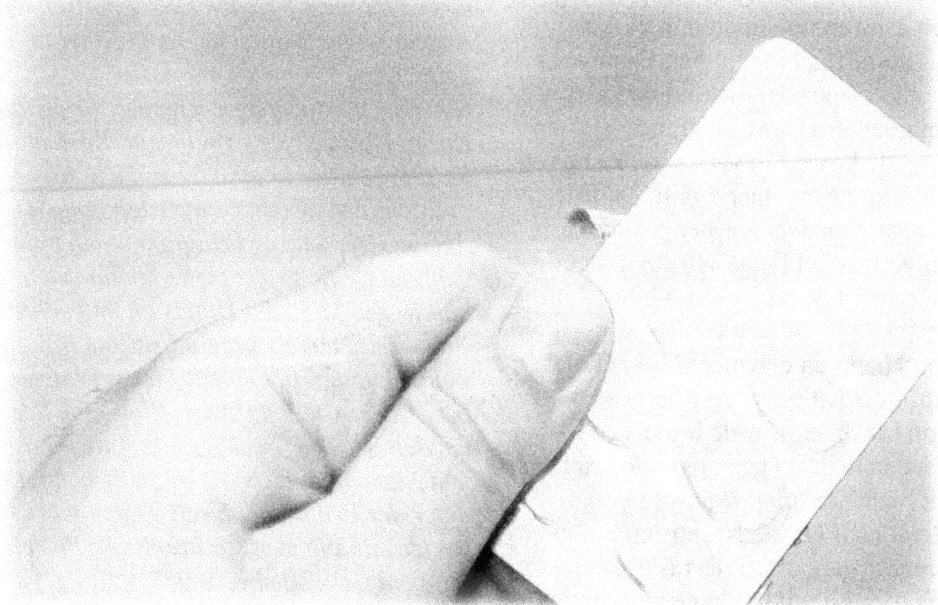

**Aspirine**
*Aspirin*

 **A**

### Woordenschat

1. aankomen - ankommen
2. apotheek - die Apotheke
3. aspirine - das Aspirin
4. blad - das Blatt
5. chemicaliën - die Chemikalien
6. chemie - die Chemie
7. chemisch - chemisch
8. dat - dass
9. denken - denken
10. enkele - einige
11. grijs - grau
12. half - halb
13. half negen - um halb neun
14. horloge - die Uhr
15. iets - etwas
16. jongen - der Junge
17. klaslokaal - das Klassenzimmer
18. krijgen - (etwas) erhalten
19. kristal - das Kristall
20. lessenaar - der Schreibtisch
21. na - nach
22. natuurlijk - natürlich
23. neerzitten - sich hinsetzen
24. om één uur - um eins
25. oplossing - die Lösung
26. papier - das Papier
27. pauze - die Pause
28. pil - die Tablette
29. prachtig - wunderbar
30. proberen - versuchen
31. slagen voor een test - eine Prüfung bestehen
32. slim - intelligent
33. stinkend - stinkend

34. studentenhuis - das Studentenwohnheim
35. taak - die Aufgabe
36. test - die Prüfung
37. testen - prüfen
38. tien - zehn
39. uiteindelijk - schließlich
40. vaak - oft
41. voor - für
42. wit - weiß

# B

## Aspirine

*Aspirin*

Dit is Roberts vriend. Zijn naam is Paul. Paul komt uit Canada. Engels is zijn moedertaal. Hij kan ook heel goed Frans. Paul leeft in een studentenhuis. Paul is nu in zijn kamer. Paul heeft een chemietest vandaag. Hij kijkt naar zijn horloge. Het is acht uur. Het is tijd om te gaan.
Paul gaat naar buiten. Hij gaat naar de universiteit. De universiteit is dicht bij het sudentenhuis. Het duurt ongeveer tien minuten om naar de universiteit te gaan. Paul gaat naar het chemielokaal. Hij opent de deur en kijkt in het klaslokaal. Er zijn daar enkele studenten en de leraar. Paul komt in het klaslokaal.
"Hallo," zegt hij.
"Hallo," antwoorden de leraar en leerlingen. Paul komt bij zijn lessenaar en zit neer. De chemietest begint om half negen. De leraar komt tot bij Pauls lessenaar.
"Hier is jouw taak," zegt de leraar. Dan geeft hij Paul een blad papier met de taak. "Je moet een aspirine maken. Je kan werken van half negen tot twaalf uur. Begin aub," zegt de leraar.
Paul kent deze taak. Hij neemt enkele chemicaliën en begint. Hij werkt voor tien minuten. Uiteindelijk krijgt hij iets grijs en stinkend. Dit is geen goede aspirine. Paul weet dat hij grote witte kristallen aspirine moet krijgen. Hij probeert opnieuw en opnieuw. Paul werkt een uur maar hij krijgt opnieuw iets grijs en stinkend.
Paul is kwaad en moe. Hij begrijpt het niet. Hij stopt en denkt een beetje na. Paul is een slimme jongen. Hij denkt na voor één minuut en vindt het antwoord. Hij staat op.
"Mag ik tien minuten pauze nemen?" vraagt

*Das ist ein Freund von Robert. Er heißt Paul. Paul kommt aus Kanada. Seine Muttersprache ist Englisch. Er spricht auch sehr gut Französisch. Paul wohnt im Studentenwohnheim. Paul ist gerade in seinem Zimmer. Paul hat heute eine Prüfung in Chemie. Er schaut auf die Uhr. Es ist acht Uhr. Es ist an der Zeit, zu gehen.*
*Paul geht nach draußen. Er geht zur Universität. Die Uni ist in der Nähe des Wohnheims. Er braucht etwa zehn Minuten bis zur Uni. Paul kommt zum Klassenzimmer. Er öffnet die Tür und schaut ins Klassenzimmer. Einige Studenten und der Lehrer sind da. Paul betritt das Klassenzimmer.*
*„Hallo", sagt er.*
*„Hallo", antworten der Lehrer und die Studenten. Paul geht zu seinem Schreibtisch und setzt sich hin. Die Prüfung beginnt um halb neun. Der Lehrer kommt zu Pauls Tisch.*
*„Hier ist deine Aufgabe", sagt der Lehrer. Dann gibt er Paul ein Blatt Papier mit der Aufgabe. „Du musst Aspirin herstellen. Du kannst von halb neun bis zwölf Uhr arbeiten. Fang bitte an", sagt der Lehrer.*
*Paul weiß, wie diese Aufgabe geht. Er nimmt einige Chemikalien und beginnt. Er arbeitet zehn Minuten lang. Das Ergebnis ist grau und stinkt. Das ist nicht gutes Aspirin. Paul weiß, dass er große, weiße Aspirinkristalle erhalten muss. Dann versucht er es wieder und wieder. Paul arbeitet eine Stunde lang, aber das Ergebnis ist wieder grau und stinkend. Paul ist wütend und müde. Er kann es nicht verstehen. Er macht eine Pause und denkt ein bisschen nach. Paul ist intelligent. Er denkt ein paar Minuten nach und findet dann die Lösung! Er steht auf.*
*„Kann ich zehn Minuten Pause machen?", fragt er den Lehrer.*
*„Ja, natürlich", antwortet der Lehrer.*

Paul de leraar.
"Natuurlijk mag dat," antwoordt de leraar.
Paul gaat naar buiten. Hij vindt een apotheek dichtbij de universiteit. Hij gaat erheen en koopt enkele aspirinepillen. Na tien minuten komt hij terug in het klaslokaal. De studenten zitten en werken. Paul gaat zitten.
"Mag ik de test beëindigen?" zegt Paul tegen de leraar na vijf minuten.
De leraar komt naar Pauls lessenaar. Hij ziet grote witte kristallen aspirine. De leraar stopt verrast. Hij bekijkt de aspirine één minuut.
"Het is fantastisch! Jouw aspirine ziet er zo mooi uit! Maar ik snap het niet! Ik probeer vaak om aspirine te maken en ik krijg enkel iets grijs en stinkend," zegt de leraar, "Je bent geslaagd," zegt hij.
Paul vertrekt na de test. De leraar ziet iets wit op Pauls lessenaar. Hij gaat naar de lessenaar en vindt het papier van de aspirinepillen.
"Slimme kerel. Ok, Paul. Nu heb je een probleem," zegt de leraar.

*Paul geht nach draußen. Er findet eine Apotheke in der Nähe der Uni. Er geht hinein und kauft ein paar Tabletten Aspirin. Nach zehn Minuten kommt er zurück ins Klassenzimmer. Die Studenten sitzen da und arbeiten. Paul setzt sich hin.*
*„Kann ich die Prüfung beenden?", fragt Paul den Lehrer nach fünf Minuten.*
*Der Lehrer kommt zu Pauls Tisch. Er sieht große, weiße Aspirinkristalle. Der Lehrer ist überrascht. Er bleibt stehen und schaut eine Weile auf das Aspirin.*
*„Wunderbar! Dein Aspirin ist gut! Aber ich kann das nicht verstehen! Ich versuche oft, Aspirin herzustellen, aber alles, was ich herausbekomme, ist grau und stinkt", sagt der Lehrer. „Du hast die Prüfung bestanden".*
*Paul geht nach der Prüfung weg. Der Lehrer sieht etwas Weißes auf Pauls Tisch. Er geht zum Tisch und findet das Papier der Aspirintabletten.*
*„Intelligenter Junge. Na ja, Paul, jetzt hast du ein Problem", sagt der Lehrer.*

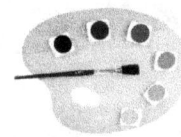

# 15

## Nancy en de kangoeroe
*Nancy und das Känguru*

### A

#### Woordenschat

1. aap - der Affe
2. arm - arm
3. boekenkast - das Bücherregal
4. dierentuin - der Zoo
5. emmer - der Eimer
6. gelukkig - glücklich
7. haar - das Haar
8. Hey! - Hey!
9. huilen - weinen, schreien, rufen
10. ijs - das Eis
11. jaar - das Jahr
12. kangoeroe - das Känguru
13. laat ons - lass uns
14. lastig vallen - ärgern
15. leeuw - der Löwe
16. mij - mich
17. nat - nass
18. Oh! - Oh!
19. okay, goed - okay, gut
20. ons - uns
21. oor - das Ohr
22. plan - der Plan
23. plannen - planen
24. pop - die Puppe
25. samen - zusammen
26. slaan - schlagen
27. speelgoed - das Spielzeug
28. staart - der Schwanz
29. sterk - stark
30. stil - leise
31. studeren - studieren
32. tijger - der Tiger
33. trekken - ziehen
34. val - der Fall

35. vallen - fallen
36. vol - voll
37. wanneer - wenn
38. wat, welke - was, welcher/welche/welches; Wat is dat? - Was ist das? Welke tafel? - Welcher Tisch?
39. water - das Wasser
40. wijd - weit
41. zebra - das Zebra
42. zijn - sein

## B

### Nancy en de kangoeroe

Robert is nu een student. Hij studeert aan de universiteit. Hij studeert Engels. Robert leeft in een studentenhuis. Hij is Pauls buurman.
Robert is nu in zijn kamer. Hij pakt de telefoon en belt zijn vriend David.
"Hallo," David beantwoordt de telefoon.
"Hallo David. Dit is Robert. Hoe gaat het?" zegt Robert.
"Hallo Robert. Het gaat goed. Bedankt. Hoe gaat het met jou," antwoordt David.
"Met mij gaat het ook goed. Bedankt. Ik ga wandelen. Wat zijn jouw plannen vandaag?" zegt Robert.
"Mijn zus, Nancy, vraagt om haar mee te nemen naar de dierentuin. Ik neem haar nu mee. Laten we samen gaan," zegt David.
"Okay. Ik ga met je mee. Waar spreken we af," vraagt Robert.
"We spreken af aan de bushalte Olympic. En vraag Paul of hij ook wil meekomen," zegt David.
"Okay. Doei," antwoordt Robert.
"Tot straks, doei," zegt David.
Dan gaat Robert naar Pauls kamer. Paul is in zijn kamer.
"Hallo," zegt Robert.
"Oh hallo Robert. Kom binnen aub," zegt Paul. Robert gaat binnen.
"David, zijn zus en ik gaan naar de dierentuin. Ga je mee met ons?" vraagt Robert.
"Natuurlijk ga ik ook mee!" zegt Paul.
Robert en Paul rijden naar de bushalte Olympic. Zij zien daar David en zijn zus Nancy.
Davids zus is slechts vijf jaar oud. Ze is een klein meisje en vol energie. Ze houdt heel veel

### *Nancy und das Känguru*

*Robert ist jetzt Student. Er studiert an der Universität. Er studiert Englisch. Robert wohnt im Studentenwohnheim. Er ist Pauls Nachbar.
Robert ist gerade in seinem Zimmer. Er nimmt sein Telefon und ruft seinen Freund David an.
David geht ans Telefon und sagt: „Hallo."
„Hallo David. Ich bin es, Robert. Wie geht's dir?", sagt Robert.
„Hallo Robert. Mir geht's gut. Danke. Und dir?", antwortet David.
„Mir geht's auch gut, danke. Ich werde einen Ausflug machen. Was hast du heute vor?", sagt Robert.
„Meine Schwester Nancy will mit mir in den Zoo gehen. Ich werde jetzt mit ihr dorthin gehen. Lass uns zusammen gehen", sagt David.
„Alles klar, ich komme mit. Wo treffen wir uns?", fragt Robert.
„Lass uns an der Bushaltestelle Olympic treffen. Und frag Paul, ob er auch mitkommen will", sagt David.
„Alles klar. Tschüss", antwortet Robert.
„Bis gleich", sagt David.
Dann geht Robert zu Pauls Zimmer. Paul ist in seinem Zimmer.
„Hallo", sagt Robert.
„Oh, hallo Robert. Komm rein", sagt Paul. Robert betritt das Zimmer.
„David, seine Schwester und ich gehen in den Zoo. Willst du mitkommen?", fragt Robert.
„Natürlich komme ich mit", sagt Paul.
Robert und Paul fahren bis zur Bushaltestelle Olympic. Dort sehen sie David und seine Schwester Nancy.
Davids Schwester ist erst fünf. Sie ist ein kleines Mädchen und voller Energie. Sie mag Tiere sehr gerne. Aber Nancy denkt, dass Tiere Spielzeug sind.*

van dieren. Maar Nancy denkt dat dieren speelgoed zijn. De dieren lopen weg van haar omdat ze, ze teveel lastig valt. Ze trekt aan een staart of oor, slaat met een hand of met speelgoed. Nancy heeft een hond en kat thuis. Wanneer Nancy thuis is, zit de hond onder het bed en de kat op de boekenkast. Zo kan ze niet aan hen.

Nancy, David, Robert en Paul gaan binnen in de dierentuin. Er zijn veel dieren in de dierentuin. Nancy is heel gelukkig. Ze rent naar de leeuw en de tijger. Ze slaat de zebra met haar pop. Ze trekt zo hard aan de staart van een aap, dat alle apen huilend weglopen. Dan ziet Nancy een kangoeroe. De Kangoeroe drinkt water uit een emmer. Nancy lacht en gaat heel traag naar de kangoeroe. En dan...

"Hey!! Kangoeroeeeee!!" roept Nancy en trekt aan zijn staart. De kangoeroe kijkt naar Nancy met wijd open ogen. Hij springt verrast op zodat de emmer met water door de lucht vliegt en op Nancy valt. Water loopt langs haar haar, gezicht en jurk. Nancy is helemaal nat.

"Je bent een slechte kangoeroe! Slecht!" schreeuwt ze.

Enkele mensen lachen en enkele mensen zeggen: "Arm kind."

David brengt Nancy naar huis.

"Je moet geen dieren lastig vallen," zegt David en geeft haar een ijsje. Nancy eet het ijsje.

"Okay, ik zal niet spelen met grote en kwade dieren," denkt Nancy, "Ik zal enkel spelen met kleine dieren." Ze is weer gelukkig.

*Die Tiere rennen vor ihr weg, weil sie sie sehr ärgert. Sie zieht sie am Schwanz oder am Ohr, schlägt sie mit der Hand oder mit einem Spielzeug. Zu Hause hat Nancy einen Hund und eine Katze. Wenn Nancy zu Hause ist, sitzt der Hund unter dem Bett und die Katze auf dem Bücherregal. So kann Nancy sie nicht kriegen.*

*Nancy, David, Robert und Paul betreten den Zoo. Im Zoo gibt es sehr viele Tiere. Nancy ist glücklich. Sie rennt zu den Löwen und Tigern. Sie schlägt das Zebra mit ihrer Puppe. Sie zieht so stark am Schwanz eines Affen, dass alle Affen schreiend wegrennen. Dann sieht Nancy ein Känguru. Das Känguru trinkt Wasser aus einem Eimer. Nancy lächelt und nähert sich dem Känguru langsam. Und dann...*

*„Hey!!! Kängruu-uu-uu!!", schreit Nancy und zieht es am Schwanz. Das Känguru sieht Nancy mit weit aufgerissenen Augen an. Vor Schreck macht es einen Satz, sodass der Wassereimer in die Luft fliegt und auf Nancy fällt. Wasser läuft über ihr Haar, ihr Gesicht und ihr Kleid. Nancy ist ganz nass.*

*„Du bist ein böses Känguru! Böse!", ruft sie.*

*Einige Leute lächeln und einige Leute sagen: „Armes Mädchen." David bringt Nancy nach Hause.*

*„Du darfst die Tiere nicht ärgern", sagt David und gibt ihr ein Eis. Nancy isst das Eis.*

*„Okay, ich werde nicht mehr mit sehr großen und wütenden Tieren spielen", denkt Nancy. „Ich werde nur noch mit kleinen Tieren spielen." Sie ist wieder glücklich.*

# 16

## Parachutisten
*Die Fallschirmspringer*

### A

**Woordenschat**

1. aandoen - sich anziehen
2. airshow - die Flugschau
3. andere - andere, andere, andere
4. binnen - in
5. broek - die Hose
6. club - der Verein
7. dak - das Dach
8. deel - der Teil
9. dicht - schließen
10. doen - machen
11. duwen - stoßen, ziehen
12. echt - wirklich
13. éénvoudig - einfach
14. eigen - eigener, eigene, eigenes
15. geel - gelb
16. gekleed - angezogen
17. geloven - glauben; zijn ogen niet geloven - seinen Augen nicht trauen
18. gevuld - ausgestopft; gevulde parachute, valsschermspringerspop - die Fallschirmspringerpuppe
19. jas - die Jacke
20. kleding - die Kleidung
21. landen - landen
22. leven - das Leben
23. levensreddende truc - der Rettungstrick
24. lid - das Mitglied
25. lucht - die Luft
26. metaal - das Metall
27. na - nach

28. negen - neun
29. of - ob
30. over - über
31. overigens - übrigens
32. parachute - der Fallschirm
33. parachutist - der Fallschirmspringer
34. piloot - der Pilot
35. publiek - das Publikum
36. redden - retten
37. rood - rot
38. rubber - der Gummi
39. stil - leise
40. super, tof - super, toll

41. team - die Mannschaft
42. trainen - trainieren; getraind - trainiert
43. truc - der Trick
44. uitstappen - aussteigen
45. vader - Papa
46. vallen - abgestürzt
47. vallend - fallend
48. vangen - fangen
49. vliegtuig - das Flugzeug
50. voorbereiden - vorbereiten
51. woedend - wütend
52. zetel - der Sitz; gaan zitten - sich hinsetzen
53. zijn - sein

# B

## Parachutisten

Het is ochtend. Robert gaat naar Pauls kamer. Paul zit aan tafel en schrijft iets. Pauls favoriete kat zit op Pauls bed. Het slaapt rustig.
"Mag ik binnenkomen?" vraagt Robert.
"Oh, Robert. Kom binnen aub. Hoe gaat het?" vraagt Paul.
"Goed, bedankt. Hoe gaat het met jou?" vraagt Robert.
"Het gaat goed. Bedankt. Ga zitten aub," antwoordt Paul.
Robert zit op een stoel.
"Je weet dat ik lid ben van een parachuteclub. We hebben vandaag een airshow," zegt Robert, "Ik zal daar enkele sprongen maken."
"Dat is heel interessant," antwoordt Paul, "Ik kom wellicht kijken naar de airshow."
"Als je wil, kan ik je meenemen en kan je vliegen in een vliegtuig," zegt Robert.
"Echt? Dat zou super zijn!" zegt Paul, "Hoe laat is de airshow?"
"Het begint om tien uur 's morgens," antwoordt Robert, "David zal ook komen. We hebben trouwens iemand nodig om een valsschermspringerspop uit het vliegtuig te duwen. Zal je helpen?"
"Valsschermspringerspop? Waarom?" zegt Paul verrast.
"Weet je, het is een deel van de show," zegt Robert, "Het is een levensreddende truc. De

## *Die Fallschirmspringer*

*Es ist Morgen. Robert kommt in Pauls Zimmer. Paul sitzt am Tisch und schreibt etwas. Pauls Katze Favorite sitzt auf Pauls Bett. Sie schläft ruhig.*
*„Kann ich reinkommen?", fragt Robert.*
*„Oh, Robert. Komm rein. Wie geht's dir?", antwortet Paul.*
*„Gut, danke. Und dir?", sagt Robert.*
*„Danke, auch gut. Setz dich", antwortet Paul.*
*Robert setzt sich auf einen Stuhl.*
*„Du weißt doch, dass ich Mitglied in einem Fallschirmspringerverein bin. Wir haben heute eine Flugschau", sagt Robert. „Ich werde ein paar Sprünge machen".*
*„Das ist interessant", antwortet Paul. „Ich komme vielleicht zuschauen."*
*„Wenn du willst, kann ich dich mitnehmen und du kannst in einem Flugzeug mitfliegen", sagt Robert.*
*„Echt? Das wäre super!", ruft Paul. „Um wie viel Uhr ist die Flugschau?"*
*„Sie fängt um zehn Uhr morgens an", antwortet Robert. „David kommt auch. Übrigens, wir brauchen Hilfe, eine Fallschirmspringerpuppe aus dem Flugzeug zu werfen. Kannst du helfen?"*
*„Eine Fallschirmspringerpuppe? Warum?", fragt Paul überrascht.*
*„Ach, weißt du, das ist ein Teil der Schau", sagt Robert. „Es ist ein Rettungstrick. Die Puppe fällt herunter. In dem Moment fliegt ein echter*

valsschermspringerspop valt naar beneden. Op dat moment vliegt een echte parachutist er naartoe, vangt het en opent zijn eigen parachute. De "man" is gered!"
"Super!" antwoordt Paul, "Ik zal helpen. Laten we gaan."
Paul en Robert gaan naar buiten. Ze komen bij de busstop Olympic en nemen de bus. Het duurt slechts tien minuten om naar de airshow te gaan. Wanneer ze uitstappen zien ze David.
"Hallo David," zegt Robert, "Laten we naar het vliegtuig gaan."
Ze zien het parachuteteam bij het vliegtuig. Ze gaan naar het hoofd van het team. Het hoofd van het team is gekleed in een rode broek en een rode jas.
"Hallo Martin," zegt Robert, "Paul en David willen helpen met de levensreddende truc."
"Okay. De valsschermspringerspop is hier," zegt Martin. Hij geeft hen de valsschermspringerspop. De valsschermspringerspop is gekleed in een rode broek en een rode jas.
"Het is gekleed zoals jou," zegt David lachend tegen Martin.
"We hebben geen tijd om erover te praten," zegt Martin, "Laadt het in het vliegtuig."
Paul en David laden de valsschermspringerspop in het vliegtuig. Ze gaan naast de piloot zitten. Iedereen van het parachuteteam behalve het hoofd stapt in het vliegtuig. Ze sluiten de deur. Binnen vijf minuten is het vliegtuig in de lucht. Wanneer het over San Francisco vliegt, ziet David zijn huis.
"Kijk! Daar is mijn huis!" roept David.
Paul kijkt door het venster naar de straten, pleinen en parken van de stad. Het is prachtig om te vliegen in een vliegtuig.
"Maak je klaar om te springen!" roept de piloot. De parachutisten staan recht. Ze openen de deur.
"Tien. Negen. Acht. Zeven. Zes. Vijf. Vier. Drie. Twee. Eén. Ga!" roept de piloot.
De parachutisten beginnen te springen uit het vliegtuig. Het publiek beneden op de grond zien rode, groene, witte, blauwe en gele parachuten. Het ziet er heel mooi uit. Martin het hoofd van het parachuteteam kijkt ook naar boven. De parachutisten vliegen naar beneden en sommigen

*Fallschirmspringer zu ihr, fängt sie und öffnet seinen eigenen Fallschirm. Der „Mann" ist gerettet!"*
*„Toll!", antwortet Paul. „Ich helfe. Lass uns gehen!"*
*Paul und Robert gehen nach draußen. Sie kommen zur Bushaltestelle Olympic und nehmen einen Bus. Es dauert nur zehn Minuten bis zur Flugschau. Als sie aus dem Bus steigen, sehen sie David.*
*„Hallo David", sagt Robert. „Lass uns zum Flugzeug gehen."*
*Beim Flugzeug sehen sie eine Fallschirmspringermannschaft. Der Führer der Mannschaft hat eine rote Hose und eine rote Jacke an.*
*„Hallo Martin", sagt Robert. „Paul und David helfen beim Rettungstrick."*
*„Okay. Hier ist die Puppe", sagt Martin. Er gibt ihnen die Fallschirmspringerpuppe. Die Puppe trägt eine rote Hose und eine rote Jacke.*
*„Sie trägt die gleiche Kleidung wie du", sagt David und grinst Martin an.*
*„Wir haben keine Zeit, darüber zu reden", sagt Martin. „Nehmt sie mit in dieses Flugzeug."*
*Paul und David bringen die Puppe ins Flugzeug. Sie setzen sich neben den Piloten. Die ganze Fallschirmspringermannschaft außer ihrem Führer besteigt das Flugzeug. Sie schließen die Tür. Nach fünf Minuten ist das Flugzeug in der Luft. Als es über San Francisco fliegt, sieht David sein Haus.*
*„Schau! Da ist mein Haus!", ruft David.*
*Paul sieht aus dem Fenster auf Straßen, Plätze und Parks. Es ist toll, in einem Flugzeug zu fliegen.*
*„Zum Sprung bereit machen!", ruft der Pilot. Die Fallschirmspringer stehen auf. Sie öffnen die Tür.*
*„Zehn, neun, acht, sieben, sechs, fünf, vier, drei, zwei, eins! Los!", ruft der Pilot.*
*Die Fallschirmspringer beginnen, aus dem Flugzeug zu springen. Das Publikum auf dem Boden sieht rote, grüne, weiße, blaue und gelbe Fallschirme. Es sieht sehr schön aus. Martin, der Führer der Mannschaft, schaut auch nach oben. Die Fallschirmspringer fliegen nach unten und einige landen bereits.*
*„Okay, gute Arbeit, Jungs", sagt Martin und geht*

zijn al aan het landen.
"Okay. Goed werk jongens," zegt Martin en gaat naar het dichtsbijzijnde café om koffie te drinken. De airshow gaat verder.
"Bereid je voor op de levensreddende truc!" roept de piloot.
David en Paul brengen de valsschermspringerspop naar de deur.
"Tien. Negen. Acht. Zeven. Zes. Vijf. Vier. Drie. Twee. Eén. Ga!" roept de piloot.
David en Paul duwen de valsschermspringerspop door de deur. Het gaat naar buiten maar stopt dan. Zij rubberen hand blijft hangen aan een metalen stuk van het vliegtuig.
"Ga ga jongens!" roept de piloot.
De jongens duwen de valsschermspringerspop heel hard maar ze krijgen het er niet uit.
Het publiek beneden op de grond ziet een man gekleed in het rood in de deur van het vliegtuig hangen. Twee mannen proberen hem eruit te duwen. De mensen geloven hun ogen niet. Het duurt bijna een minuut. Dan valt de parachutist in het rood naar beneden. Een andere parachutist springt uit het vliegtuig en probeert hem te vangen. Maar hij kan het niet. De parachutist in het rood valt naar beneden. Het valt door het dak in het café. Het publiek kijkt stilzwijgend toe. Dan zien de mensen een man in het rood uit het café lopen. Deze man in het rood is Martin, het hoofd van het parachuteteam. Hij kijkt naar boven en roept kwaad, "Als je een man niet kan vangen, probeer het dan niet!"
Het publiek is stil.
"Papa, deze man is heel sterk," zegt een klein meisje tegen haar vader.
"Hij is goed getraind," zegt de vader.
Na de airshow gaan Paul en David naar Robert.
"Hoe was ons werk?" vraagt David.
"ah...oh, Het is heel goed. Bedankt," antwoord Robert.
"Als je hulp nodig hebt, moet je het maar zeggen," zegt Paul.

*in ein Café in der Nähe, um Kaffee zu trinken. Die Flugschau geht weiter.*
*„Für den Rettungstrick bereit machen!", ruft der Pilot.*
*David und Paul bringen die Puppe zur Tür.*
*„Zehn, neun, acht, sieben, sechs, fünf, vier, drei, zwei, eins! Los!", ruft der Pilot.*
*Paul und David stoßen die Puppe aus der Tür. Sie fällt heraus, bleibt dann aber hängen. Ihre Gummihand ist an einem Metallteil des Flugzeugs hängen geblieben.*
*„Los, auf, Jungs!", ruft der Pilot.*
*Die Jungs ziehen mit aller Kraft an der Puppe, aber sie bekommen sie nicht los.*
*Das Publikum unten auf dem Boden sieht einen Mann in Rot gekleidet in der Flugzeugtür. Zwei andere Männer versuchen, ihn herauszustoßen. Die Leute trauen ihren Augen nicht. Es dauert etwa eine Minute. Dann fällt der Fallschirmspringer in Rot nach unten. Ein anderer Fallschirmspringer springt aus dem Flugzeug und versucht, ihn zu fangen. Aber er schafft es nicht. Der Fallschirmspringer in Rot fällt weiter. Er fällt durch das Dach in das Café. Das Publikum sieht schweigend zu. Dann sehen die Leute einen in rot gekleideten Mann aus dem Café rennen. Der Mann in Rot ist Martin, der Führer der Fallschirmspingermannschaft. Aber das Publikum denkt, dass er der abgestürzte Fallschirmspringer ist. Er schaut nach oben und ruft wütend: „Wenn ihr einen Mann nicht fangen könnt, dann versucht es nicht!"*
*Das Publikum ist still.*
*„Papa, dieser Mann ist sehr stark", sagt ein kleines Mädchen zu ihrem Vater.*
*„Er ist gut trainiert", antwortet der Vater.*
*Nach der Flugschau gehen David und Paul zu Robert.*
*„Wie war unsere Arbeit?", fragt David.*
*„Ähm...Oh, sehr gut. Danke", antwortet Robert.*
*„Wenn du Hilfe brauchst, sag es einfach", sagt Paul.*

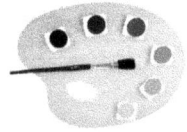

# 17

**Draai het gas uit!**
*Mach das Gas aus!*

 **A**

### Woordenschat

1. aandoen - anmachen
2. alles - alles
3. bel - das Klingeln; bellen, rinkelen - klingeln
4. bevel - befehlen
5. bevriezen - erstarren
6. bleek - blass
7. draaien - drehen
8. elf - elf
9. gas - das Gas
10. gevoel - das Gefühl
11. handset - der Telefonhörer
12. ketel - der Kessel
13. kilometer - der Kilometer
14. kleuterschool - der Kindergarten
15. kraan - der Wasserhahn
16. moment - der Moment
17. ondertussen - in der Zwischenzeit
18. onmiddellijk - sofort
19. opeens - plötzlich
20. opvullen - füllen
21. opwarmen - aufwärmen
22. poes - die Miezekatze
23. sandwich - das Butterbrot
24. secretaresse - die Sekretärin
25. sluw - schlau
26. snel - schnell
27. spreiden - übergreifen
28. stem - die Stimme
29. ticket - die Fahrkarte
30. trein - der Zug
31. treinstation - der Bahnhof
32. twintig - zwanzig
33. uitdoen - ausmachen

34. vergeten - vergessen
35. vierenveertig - vierundvierzig
36. voorzichtig - sorgfältig
37. vreemd - fremd
38. vuur - das Feuer
39. warm - warm

40. wie - wer
41. willen - werden
42. woonkamer - wohnhaft
43. zeggen - sagen
44. zo - deswegen

## B

### Draai het gas uit!

### *Mach das Gas aus!*

Het is zeven uur 's ochtends. David en Nancy slapen. Hun moeder is in de keuken. De moeders naam is Linda. Linda is vierenveertig jaar oud. Ze is een voorzichtige vrouw. Linda kuist de keuken vooraleer ze gaat werken. Ze is secretaresse. Ze werkt twintig kilometer van San Francisco. Linda gaat normaal naar haar werk met de trein.
Ze gaat naar buiten. Het treinstation is dichtbij, dus Linda gaat te voet. Ze koopt een ticket en gaat per trein. Het duurt ongeveer twintig minuten om naar haar werk te gaan. Linda zit in de trein en kijkt door het venster.
Opeens bevriest ze. De ketel! Het staat op het fornuis en ze is vergeten om het gas uit te draaien. David en Nancy slapen. Het vuur kan zich verspreiden over de meubels en dan… Linda wordt bleek. Maar ze is een slimme vrouw en binnen de minuut weet ze wat te doen. Ze vraagt een vrouw en een man die dichtbij zitten om naar haar huis te bellen en het David te vertellen van de ketel.
Ondertussen staat David op, wast hij zich en gaat naar de keuken. Hij neemt de ketel van de tafel en vult het met water en zet het op het fornuis. Dan neemt hij brood en boter en maakt sandwiches. Nancy komt in de keuken.
"Waar is mijn kleine poes?" vraagt ze.
"Ik weet het niet," antwoordt David, "Ga naar de badkamer en was je gezicht. We zullen thee drinken en broodjes eten. Dan breng ik je naar de kleuterschool."
Nancy wil zich niet wassen. "Ik kan de waterkraan niet open draaien," zegt ze sluw.
"Ik zal je helpen," zegt haar broer. Op dit moment rinkelt de telefoon. Nancy loopt snel

*Es ist sieben Uhr morgens. David und Nancy schlafen. Ihre Mutter ist in der Küche. Die Mutter heißt Linda. Linda ist vierundvierzig. Sie ist eine sorgfältige Frau. Linda putzt die Küche, bevor sie zur Arbeit geht. Sie ist Sekretärin. Sie arbeitet zwanzig Kilometer außerhalb von San Francisco. Linda fährt normalerweise mit dem Zug zur Arbeit.*

*Sie geht nach draußen. Der Bahnhof ist in der Nähe, deswegen geht Linda zu Fuß dorthin. Sie kauft eine Fahrkarte und steigt ein. Es dauert etwa zwanzig Minuten bis zu ihrer Arbeit. Linda sitzt im Zug und schaut aus dem Fenster.*
*Plötzlich erstarrt sie. Der Kessel! Er steht auf dem Herd und sie hat vergessen, das Gas auszumachen. David und Nancy schlafen. Das Feuer kann auf die Möbel übergreifen und dann... Linda wird blass. Aber sie ist eine intelligente Frau und kurz darauf weiß sie, was zu tun ist. Sie bittet eine Frau und einen Mann, die neben ihr sitzen, bei ihr zu Hause anzurufen und David über den Kessel zu informieren.*
*In der Zwischenzeit steht David auf, wäscht sich und geht in die Küche. Er nimmt den Kessel vom Tisch, füllt ihn mit Wasser und stellt ihn auf den Herd. Dann nimmt er Brot und Butter und macht Butterbrote. Nancy kommt in die Küche.*
*„Wo ist meine kleine Miezekatze?", fragt sie.*
*„Ich weiß es nicht", antworte David. „Geh ins Bad und wasch dein Gesicht. Wir trinken jetzt Tee und essen Brote. Dann bring ich dich in den Kindergarten."*
*Nancy will sich nicht waschen. „Ich kann den Wasserhahn nicht anmachen", sagt sie schlau.*
*„Ich helfe dir", sagt ihr Bruder. In diesem Moment klingelt das Telefon. Nancy rennt schnell zum Telefon und nimmt den Hörer ab.*

naar de telefoon en neemt de handset.
"Hallo, dit is de dierentuin. En wie ben jij?" zegt ze. David neemt de handset van haar en zegt "Hallo. Dit is David."
"Bent u David Tweeter die woont op elf Queen straat?" zegt de stem van een onbekende vrouw.
"Ja," antwoordt David.
"Ga naar de keuken en draai onmiddellijk het gas uit!" roept de vrouw.
"Wie ben je? Waarom moet ik het gas uitdraaien?" vraagt David verrast.
"Doe het nu!" beveelt de vrouw.
David draait het gas uit. Nancy en David bekijken de ketel verrast.
"Ik snap het niet," zegt David, "Hoe kan deze vrouw weten dat we thee willen drinken?"
"Ik heb honger," zegt zijn zus, "Wanneer zullen we eten?"
"Ik heb ook honger," zegt David en draait het gas opnieuw aan. Op dit moment rinkelt de telefoon opnieuw.
"Hallo," zegt David.
"Bent u David Tweeter die woont op elf Queen straat?" vraagt de stem van een onbekende man.
"Ja," antwoordt David.
"Draai het gasfornuis onmiddellijk uit! Wees voorzichtig!" beveelt de stem.
"Okay," zegt David en draait het gas opnieuw uit.
"Laten we naar de kleuterschool gaan," zegt David tegen Nancy aanvoelend dat ze geen thee zullen drinken vandaag.
"Nee. Ik wil thee en brood met boter," zegt Nancy kwaad.
"Wel, laten we proberen om de ketel opnieuw op te warmen," zegt haar broer en draait het gas aan. Dan rinkelt de telefoon en deze keer is het hun moeder die hen beveelt om het gas uit te draaien. Dan legt ze alles uit. Eindelijk drinken Nancy en David thee en gaan ze naar de kleuterschool.

„Hallo, hier ist der Zoo. Und wer ist da?", sagt sie. David nimmt ihr den Hörer weg und sagt: „Hallo, David hier."
„Bist du David Tweeter, wohnhaft in der Queen Straße elf?", fragt die Stimme einer fremden Frau.
„Ja", antwortet David.
„Geh sofort in die Küche und mach das Gas aus", ruft die Stimme der Frau.
„Wer sind Sie? Warum soll ich das Gas ausmachen?", fragt David überrascht.
„Mach es jetzt!", befiehlt die Stimme.
David macht das Gas aus. Nancy und David sehen verwundert auf den Kessel.
„Ich verstehe das nicht", sagt David. „Woher weiß diese Frau, dass wir Tee trinken wollten?"
„Ich habe Hunger", sagt seine Schwester. „Wann essen wir?"
„Ich habe auch Hunger", sagt David und macht das Gas wieder an. In diesem Moment klingelt das Telefon wieder.
„Hallo", sagt David.
„Bist du David Tweeter, wohnhaft in der Queen Straße elf?", fragt die Stimme eines fremden Mannes.
„Ja", antwortet David.
„Mach sofort das Gas aus! Sei vorsichtig!", befiehlt die Stimme.
„Okay", sagt David und macht das Gas wieder aus.
„Lass uns in den Kindergarten gehen", sagt David zu Nancy in dem Gefühl, dass sie heute keinen Tee trinken werden.
„Nein. Ich will Tee und Brot mit Butter", sagt Nancy wütend.
„Gut, lass uns versuchen, den Kessel wieder zu wärmen", sagt ihr Bruder und stellt das Gas an. Das Telefon klingelt und dieses Mal befiehlt ihre Mutter, das Gas abzustellen. Dann erklärt sie alles. Endlich trinken Nancy und David Tee und gehen in den Kindergarten.

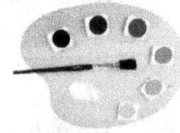

# 18

## Een uitzendbureau
*Eine Arbeitsvermittlung*

 **A**

### Woordenschat

1. aanbevelen - empfehlen
2. aandachtig luisteren - genau zuhören
3. akkoord gaan - einverstanden sein
4. als - da, wie
5. arm - der Arm
6. consultant - der Berater
7. consulteren - beraten
8. denkwerk - die Kopfarbeit
9. dodelijk - tödlich
10. elektrisch - elektrisch
11. elkaar kennen - sich kennen
12. ernstig - ernst
13. ervaring - die Erfahrung
14. grijs - grauhaarig
15. half - halb
16. handenarbeid - die Handarbeit
17. helper - der Helfer
18. hetzelfde - der/die/das Gleiche
19. individueel - einzeln
20. kabel - das Kabel
21. laten - lassen
22. lopen - führen
23. matras - die Matratze
24. nummer - die Nummer
25. ook - auch
26. per uur - pro Stunde

27. positie - die Position
28. publiceren - der Verlag
29. schudden - zittern
30. stad - die Stadt
31. sterk - stark
32. stroom - der Strom
33. tegelijkertijd - gleichzeitig
34. veelzijdig - vielseitig, alles können
35. verhaal - die Geschichte

36. verward - verwirrt
37. vijftien - fünfzehn
38. vloer - der Boden
39. voorzichtig - vorsichtig
40. was - war
41. zeker - klar, sicher
42. zestig - sechzig
43. zorgen - sich Sorgen machen; Maak je geen zorgen! - Mach dir keinen Kopf!

## B

## Een uitzendbureau

## *Eine Arbeitsvermittlung*

Op een dag gaat Paul naar Roberts kamer en ziet zijn vriend schuddend liggen op zijn bed. Paul ziet elektrische draden lopen van Robert naar de elektrische ketel. Paul gelooft dat Robert een dodelijke stroomstoot gekregen heeft. Hij gaat snel naar het bed, neemt de matras en trekt er hard aan. Robert valt op de vloer. Dan staat hij op en bekijkt Paul verrast.
"Wat is er?" vraagt Robert
"Je lag aan de elektrische stroom," zegt Paul.
"Nee, ik luisterde naar muziek," zegt Robert en toont zijn cd-speler.
"Oh, het spijt me," zegt Paul verward.
"Het is ok. Trek het je niet aan," antwoordt Robert stil terwijl hij zijn broek schoonmaakt.
"David en ik gaan naar het uitzendbureau. Wil je meegaan met ons?" vraagt Paul.
"Zeker. Laten we samen gaan," zegt Robert.
Ze gaan samen naar buiten en nemen bus nummer zeven. Het duurt hen ongeveer vijftien minuten om naar het uitzendbureau te gaan. David is er al. Ze gaan in het gebouw. Er is een lange wachtrij naar het kantoor van het uitzendbureau. Ze staan in de wachtrij. Binnen een halfuur komen ze in het kantoor. Er staat een tafel en enkele boekenkasten in de kamer. Een grijze man zit aan de tafel. Hij is ongeveer zestig jaar.
"Kom binnen jongens!" zegt hij vriendelijk, "Ga zitten aub."
David, Robert en Paul gaan zitten.
"Mijn naam is George Estimator. Ik ben een jobconsultant. Normaal spreek ik individueel

*Eines Tages kommt Paul in Roberts Zimmer und sieht seinen Freund zitternd auf dem Bett liegen. Paul sieht einige Stromkabel, die von Robert zum Wasserkocher führen. Paul glaubt, dass Robert einen tödlichen Stromschlag abbekommen hat. Er geht schnell zum Bett, nimmt die Matratze und zieht stark daran. Robert fällt auf den Boden. Dann steht er auf und sieht Paul verwundert an.*
*„Was war das denn?", fragt Robert.*
*„Du standest unter Strom", sagt Paul.*
*„Nein, ich habe Musik gehört", sagt Robert und zeigt auf seinen CD-Spieler.*
*„Oh, Entschuldigung", sagt Paul. Er ist verwirrt.*
*„Schon gut, mach dir keinen Kopf", sagt Robert ruhig und macht seine Hose sauber.*
*„David und ich gehen zu einer Arbeitsvermittlung. Willst du mitkommen?", fragt Paul.*
*„Klar, lass uns zusammen gehen", sagt Robert.*
*Sie gehen nach draußen und nehmen den Bus Nummer 7. Sie brauchen etwa fünfzehn Minuten bis zur Arbeitsvermittlung. David ist schon dort. Sie betreten das Gebäude. Vor dem Büro der Arbeitsvermittlung ist eine lange Schlange. Sie stellen sich an. Nach einer halben Stunde betreten sie das Büro. Im Zimmer sind ein Stuhl und ein paar Bücherregale. Am Tisch sitzt ein grauhaariger Mann. Er ist etwa sechzig.*

*„Kommt rein, Jungs", sagt er freundlich. „Setzt euch, bitte".*
*David, Robert und Paul setzen sich.*
*„Ich bin Georg Estimator. Ich bin Arbeitsberater. Normalerweise spreche ich einzeln mit Besuchern. Aber da ihr alle Studenten seid und euch kennt,*

met bezoekers. Maar aangezien jullie allemaal studenten zijn en elkaar kennen, kan ik jullie samen bevragen. Gaan julle akkoord?"

"Ja mijnheer," zegt David, "We hebben dagelijks drie of vier uur vrije tijd. We moeten banen vinden voor die tijd, meneer."

"Wel ik heb enkele banen voor studenten. En neem aub je cd-speler af," zegt Mr. Estimator tegen Robert.

"Ik kan tegelijkertijd luisteren naar jou en de muziek," zegt Robert.

"Als je serieus een baan wil, neem dan de cd-speler af en luister aandachtig naar wat ik zeg," zegt Mr. Estimator, "Nu wat soort baan zoeken jullie? Zoek je denkwerk of handenarbeid?"

"Ik kan elk werk doen," zegt Paul, "Ik ben sterk. Wil je voelen?" zegt hij en zet zijn arm op Mr. Estimators tafel.

"Dit is hier geen sportclub maar als je echt wil…," zegt Mr Estimator. Hij zet zijn arm op tafel en duwt snel Pauls arm naar beneden. "Zoals je ziet jongen, moet je niet enkel sterk maar ook slim zijn."

"Ik kan ook denkwerk doen mijnheer," zegt Paul opnieuw. Hij wil heel graag een baan hebben. "Ik kan verhalen schrijven. Ik heb enkele verhalen over mijn thuisstad."

"Dat is heel interessant," zegt Mr Estimator. Hij neemt een blad papier, "De uitgever All-round zoekt een jonge helper voor een schrijverspositie. Ze betalen negen dollar per uur."

"Cool!" zegt Paul, "Mag ik proberen?"

"Natuurlijk. Hier is hun telefoonnummer en hun adres," zegt Mr. Estimator en geeft een blad papier aan Paul.

"En jullie jongens kunnen een baan kiezen op een boerderij, bij een computerfirma, bij een krant of in een supermarkt. Aangezien jullie geen ervaring hebben, raad ik jullie aan te beginnen op een boerderij. Ze zoeken twee arbeiders," zegt Mr. Estimator tegen David en Robert.

"Hoeveel betalen ze," vraagt David.

"Laat me kijken…," Mr. Estimator kijkt in de computer, "Ze zoeken arbeiders voor drie of vier uur per dag en ze betalen zeven dollar per uur. Zaterdagen en Zondagen zijn vrije dagen.

kann ich euch zusammen beraten. Seid ihr einverstanden?"

„Ja", sagt David. „Wir haben drei, vier Stunden frei pro Tag. Wir brauchen für diese Zeit einen Job."

„Gut, ich habe ein paar Jobs für Studenten. Und du, mach deinen CD-Spieler aus", sagt Herr Estimator zu Robert.

„Ich kann gleichzeitig Ihnen zuhören und Musik hören", sagt Robert.

„Wenn du ernsthaft einen Job willst, mach die Musik aus und hör mir genau zu", sagt Herr Estimator. „Also, was für einen Job wollt ihr denn. Wollt ihr Hand- oder Kopfarbeit?

„Ich kann jede Arbeit machen", sagt Paul. „Ich bin stark. Wollen Sie es testen?", fragt er und stützt seinen Arm auf Herrn Estimators Tisch auf.

„Das hier ist kein Sportverein, aber wenn du willst…", sagt Herr Estimator. Er stützt seinen Arm auf den Tisch auf und drückt Pauls Arm schnell nach unten. „Wie du siehst, musst du nicht nur stark, sondern auch schlau sein."

„Ich kann auch Denkarbeit machen", sagt Paul. Er will unbedingt einen Job. „Ich kann Geschichten schreiben. Ich habe ein paar Geschichten über meine Heimatstadt."

„Das ist sehr interessant", sagt Herr Estimator. Er greift nach einem Blatt Papier. „Der Verlag „All-Round" braucht einen jungen Helfer als Schreiber. Sie zahlen neun Dollar pro Stunde."

„Super", sagt Paul. „Kann ich das versuchen?"

„Natürlich. Hier sind Telefonnummer und Adresse", sagt Herr Estimator und gibt Paul ein Blatt Papier.

„Und ihr Jungs könnt zwischen einem Job auf einem Bauernhof, in einer Computerfirma, bei einer Zeitung oder im Supermarkt wählen. Da ihr keine Erfahrung habt, empfehle ich euch, mit der Arbeit auf dem Bauernhof anzufangen. Sie brauchen zwei Arbeiter", sagt Herr Estimator zu David und Robert.

„Wie viel zahlen sie?", fragt David.

„Mal sehen…" Herr Estimator schaut auf den Computer. „Sie brauchen Arbeiter für drei oder vier Stunden am Tag und zahlen sieben Dollar pro Stunde. Samstag und Sonntag sind frei. Seid ihr

Ga je akkoord?" vraagt hij.
"Ik ga akkoord," zegt David.
"Ik ga ook akkoord," zegt Robert.
"Wel, pak het telefoonnummer en het adres van de boerderij," zegt Mr. Estimator en geeft hen een blad papier.
"Bedankt mijnheer," zeggen de jongens en gaan naar buiten.

*einverstanden?", fragt er.*
*„Ja, bin ich", sagt David.*
*„Ich auch", sagt Robert.*
*„Gut, nehmt die Telefonnummer und die Adresse des Bauernhofs", sagt Herr Estimator und gibt ihnen eine Blatt Papier.*
*„Dankeschön, Herr Estimator", sagen die Jungs und gehen nach draußen.*

# 19

## David en Robert wassen een truck (deel 1)
*David und Robert waschen den Laster (Teil 1)*

### A

**Woordenschat**

1. aankomen - ankommen
2. achtste - achter
3. controleren - kontrollieren
4. derde - dritter
5. dichtbij - nahe
6. dichter - näher
7. doos - die Kiste
8. drijven - treiben
9. eerst - erst
10. eigenaar - der Besitzer
11. gebruiken - benutzen
12. golf - die Welle
13. groter - größer
14. kust - die Küste
15. laden - laden
16. langs - entlang
17. lossen - abladen
18. machine - die Maschine
19. meter - der Meter
20. motor - der Motor
21. negende - neunter
22. passend - passend
23. rem - die Bremse
24. remmen - bremsen
25. rijbewijs - der Führerschein
26. rollen - schaukeln
27. schip - das Schiff
28. schoonmaken - sauber machen, putzen
29. stappen - treten
30. starten - anfangen
31. sterkte - die Stärke
32. straat - die Straße

33. tiende - zehnter
34. traag - langsam
35. tuin - der Hof
36. tweede - zweiter
37. veel - viel
38. veld - das Feld
39. ver - weit
40. verder - weiter
41. vierde - vierter
42. vijfde - fünfter
43. voorste - vorn
44. voorwielen - die Vorderräder
45. vrij - ziemlich
46. wachten - warten
47. wassen - waschen, putzen
48. werkgever - der Arbeitgeber
49. wiel - das Rad
50. zaad - das Saatgut
51. zee - das Meer
52. zesde - sechster
53. zevende - siebter

# B

## David en Robert wassen de truck (deel 1)

David en Robert werken nu op de boerderij. Ze werken elke dag drie of vier uur. Het werk is redelijk zwaar. Ze moeten elke dag veel werken. Ze maken de boerderij elke tweede dag schoon. Ze wassen de machines elke derde dag. Elke vierde dag werken ze in de velden. De werkgever zijn naam is Daniel Tough. Mr. Tough is de eigenaar van de boederij en hij doet het meeste werk. Mr. Tough werkt heel hard. Hij laadt dozen met zaden in de truck, brengt ze naar de boerderij en lost ze op de boerderij.
"Hey jongens, beëindig het wassen van de machines, neem de truck en ga naar transportfirma Rapid," zegt Mr Tough, "Ze hebben een lading voor me. Laad de dozen met de zaden in de truck, breng het naar de boederij en los het in de boerderij. Doe het snel want ik heb de zaden nodig vandaag. En vergeet de truck niet te wassen.
"Okay," zegt David. Ze beëindigen het schoonmaken van de truck. David heeft een rijbewijs dus rijdt hij met de truck. Hij start de motor en rijdt in het begin traag door de boerderij, dan sneller op de weg. Transportfirma Rapid is niet ver van de boerderij. Ze arriveren binnen vijftien minuten. Ze kijken daar voor ladingdeur nummer tien.
David rijdt de truck voorzichtig door de laadzone. Ze passeren de eerste ladingdeur, voorbij de tweede ladingdeur, voorbij de derde, voorbij de

## *David und Robert waschen den Laster (Teil 1)*

*David und Robert arbeiten jetzt auf einem Bauernhof. Sie arbeiten drei, vier Stunden am Tag. Die Arbeit ist ziemlich schwer. Sie müssen jeden Tag viel arbeiten. Sie machen den Hof jeden zweiten Tag sauber. Sie putzen die Maschinen jeden dritten Tag. Jeden vierten Tag arbeiten sie auf den Feldern.*
*Ihr Arbeitgeber heißt Daniel Tough. Herr Tough ist der Besitzer des Bauernhofs und macht die meiste Arbeit. Herr Tough arbeitet sehr hart. Er gibt David und Robert auch viel Arbeit.*
*„Hey Jungs, macht die Maschinen fertig sauber und fahrt dann mit dem Laster zur Transportfirma Rapid", sagt Herr Tough. „Sie haben eine Ladung für mich. Ladet die Kisten mit dem Saatgut auf den Laster, bringt sie zum Bauernhof und ladet sie auf dem Hof ab. Beeilt euch, denn ich brauche das Saatgut heute. Und vergesst nicht, den Laster zu waschen."*
*„Okay", sagt David. Sie machen die Maschine fertig sauber und steigen in den Laster. David hat einen Führerschein, deswegen fährt er. Er macht den Motor an, fährt erst langsam durch den Hof und dann schnell die Straße entlang. Die Transportfirma Rapid ist nicht weit vom Bauernhof. Sie kommen dort nach fünfzehn Minuten an. Dort suchen sie die Verladetür Nummer zehn.*
*David fährt den Laster vorsichtig über den Hof. Sie fahren an der ersten Verladetür vorbei, an der zweiten, an der dritten, an der vierten, an der*

vierde, voorbij de vijfde, voorbij de zesde, voorbij de zevende, voorbij de achtste en dan voorbij de negende ladingdeur. David rijdt naar de tiende ladingdeur en stopt.
"We moeten eerst de ladinglijst controleren," zegt Robert die al een beetje ervaring heeft met laadlijsten bij deze transportfirma. Hij gaat naar de lader bij de deur en geeft hem de laadlijst. De lader laadt snel vijf dozen in hun truck. Robert controleert voorzichtig de dozen.
"De nummers zijn correct. We kunnen nu gaan," zegt Robert.
"Okay," zegt David en start de motor, "Ik denk dat we nu de truck kunnen wassen. Er is een geschikte plaats niet ver van hier."
Binnen vijf minuten arriveren ze aan de kust.
"Wil je de truck hier wassen?" vraagt Robert verrast.
"Ja het is een mooie plaats niet?" zegt David.
"En waar zullen we een emmer nemen?" vraagt Robert.
"We hebben geen emmer nodig. Ik zal tot dicht bij de zee rijden. We zullen water uit de zee nemen," zegt David en rijdt tot dicht bij het water. De voorste wielen zijn al in het water en de golven vloeien over hen.
"Laten we uitstappen en beginnen met wassen," zegt Robert.
"Wacht een minuut. Ik zal nog een beetje dichter rijden," zegt David en rijdt nog één of twee meter verder, "Dit is beter."
Dan komt een grotere golf en het water tilt de truck een beetje op en voert de truck traag verder in zee.
"Stop! David, stop de truck!" roept Robert, "We staan al in het water! stop aub!"
"Het wil niet stoppen!!" roept David terwijl hij op de rem trapt met al zijn kracht, "Ik kan het niet stoppen!"
De truck drijft traag verder in zee, rollend op de golven zoals een klein schip.
(wordt vervolgd)

*fünften, an der sechsten, an der siebten, an der achten und dann an der neunten. David fährt zur zehnten Verladetür und hält an.*
*„Wir müssen erst die Ladeliste kontrollieren", sagt Robert, der schon Erfahrung mit den Ladelisten in dieser Firma hat. Er geht zum Verlader, der an der Tür arbeitet, und gibt ihm die Ladeliste. Der Verlader lädt schnell fünf Kisten in ihren Laster. Robert kontrolliert die Kisten sorgfältig. Alle Kisten haben Nummern von der Ladeliste.*
*„Die Nummern stimmen. Wir können jetzt gehen", sagt Robert.*
*„Okay", sagt David und macht den Motor an. „Ich denke, wir können jetzt den Laster waschen. Nicht weit von hier ist ein passender Ort".*
*Nach fünf Minuten kommen sie an die Küste.*
*„Willst du den Laster hier waschen?", fragt Robert überrascht.*
*„Ja! Schöner Platz, nicht?", sagt David.*
*„Und woher bekommen wir einen Eimer?", fragt Robert.*
*„Wir brauchen keinen Eimer. Ich fahre ganz nah ans Meer. Wir nehmen das Wasser aus dem Meer", sagt David und fährt ganz nah ans Wasser. Die Vorderräder stehen im Wasser und die Wellen umspülen sie.*
*„Lass uns aussteigen und anfangen, zu waschen", sagt Robert.*
*„Warte kurz, ich fahre noch etwas näher ran", sagt David und fährt ein, zwei Meter weiter. „So ist es besser".*
*Da kommt eine größere Welle und das Wasser hebt den Laster ein bisschen nach oben und trägt ihn langsam weiter ins Meer.*
*„Stopp! David, halte den Laster an!", ruft Robert. „Wir sind schon im Wasser! Bitte, halte an!"*
*„Er hält nicht an!", ruft David und tritt mit aller Kraft die Bremse. „Ich kann ihn nicht anhalten."*
*Der Laster treibt langsam weiter aufs Meer und schaukelt auf den Wellen wie ein kleines Schiff.*
*(Fortsetzung folgt)*

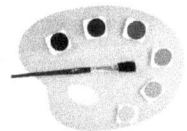

# 20

## David en Robert wassen de truck (deel 2)
*David und Robert waschen den Laster (Teil 2)*

### A

**Woordenschat**

1. bevrijden - freisetzen
2. bijvoorbeeld - zum Beispiel
3. ceremonie - die Feier
4. constant - beständig
5. controle - die Kontrolle
6. drijven - treiben
7. een jaar geleden - vor einem Jahr
8. fotograferen - fotografieren; fotograaf - der Fotograf
9. gebeuren - passieren
10. gebeurt - passiert
11. geld - das Geld
12. geleden - vor
13. genezen, behandelen - gesund pflegen
14. genezing, behandeling - die Genesung, Rehabilitation
15. genieten - Spaß haben, genießen
16. gewild - wollte
17. informeren - informieren, mitteilen
18. journalist - der Journalist
19. kust - die Küste
20. lachen - lachen
21. lieve, geachte - lieber, liebe
22. links - links
23. moordenaar - der Mörder
24. morgen - morgen
25. nooit - nie
26. olie - das Öl
27. ongeval - der Unfall
28. prachtig - wunderbar
29. rechts - rechts
30. redden - retten
31. reddingsdienst - der Rettungsdienst
32. schoongemaakt - gesäubert

68

33. situatie - die Situation
34. slikken - (hinunter)schlucken
35. speech - die Rede
36. sturen - lenken
37. tanker - der Tanker
38. vijfentwintig - fünfundzwanzig
39. vloeien - der Fluss
40. voederen - füttern
41. vogel - der Vogel
42. voorbeeld - das Beispiel
43. vuur - feuern
44. walvis - der Wal, orka - der Schwertwal
45. waren - waren
46. wind - der Wind
47. zwemmen - schwimmen

# B

## David en Robert wassen de truck (deel 2)

De truck drijft traag verder in zee, rollend op de golven zoals een klein schip. David stuurt naar links en rechts door op de rem en gas te trappen. Maar hij kan de truck niet onder controle houden. Een sterke wind duwt ze langs de kust. David en Robert weten niet wat te doen. Ze zitten en kijken door de vensters. Zeewater begint naar binnen te sijpelen.
"Laten we naar buiten gaan en op het dak zitten," zegt Robert.
Ze zitten op het dak.
"Ik vraag me af wat Mr. Tough zal zeggen," zegt Robert.
De truck drijft traag ongeveer twintig meter weg van de kust. Sommige mensen op het strand stoppen en kijken verrast.
"Mr Tough zal ons wel ontslaan," antwoordt David.

Ondertussen komt het hoofd van de universiteit aan in zijn kantoor. De secretaresse zegt dat er een ceremonie zal zijn vandaag. Ze zullen twee zeevogels bevrijden na hun behandeling. Werknemers van het behandelingscentrum verwijderden olie van hen na een ongeval met de tanker Gran Pollucion. Het ongeval gebeurde één maand geleden. Mr. Kite moet er een speech geven. De ceremonie begint in vijfentwintig minuten.
Mr. Kite en zijn secretaresse nemen een taxi en arriveren in tien minuten op de plaats van de ceremonie. De twee vogels zijn er al. Nu zijn ze niet zo wit als gewoonlijk. Maar ze kunnen

## *David und Robert waschen den Laster (Teil 2)*

*Der Laster treibt langsam weiter aufs Meer und schaukelt auf den Wellen wie ein kleines Schiff. David lenkt nach links und nach rechts, während er auf die Bremse und aufs Gas tritt. Aber er kann den Laster nicht kontrollieren. Ein starker Wind trägt ihn die Küste entlang. David und Robert wissen nicht, was sie tun sollen. Sie sitzen einfach da und schauen aus dem Fenster. Das Meerwasser beginnt, in den Laster zu laufen.*
*„Lass uns nach draußen gehen und uns aufs Dach setzen", sagt Robert.*
*Sie setzen sich aufs Dach.*
*„Ich frage mich, was Herr Tough sagen wird", sagt Robert.*
*Der Laster treibt langsam etwa zwanzig Meter von der Küste entfernt. Einige Leute an der Küste bleiben stehen und schauen verwundert.*
*„Herr Tough wird uns wohl feuern", antwortet David.*
*In der Zwischenzeit kommt der Direktor der Universität, Herr Kite, in sein Büro. Die Sekretärin sagt ihm, dass es heute eine Feier gibt. Sie werden zwei Vögel nach deren Genesung freisetzen. Arbeiter des Rehabilitationszentrums haben sie nach dem Unfall mit dem Tanker Gran Pollución von Öl gesäubert. Der Unfall passierte vor einem Monat. Herr Kite muss dort eine Rede halten. Die Feier beginnt in fünfundzwanzig Minuten.*
*Herr Kite und seine Sekretärin nehmen ein Taxi und kommen nach zehn Minuten am Ort der Feier an. Die zwei Vögel sind bereits da. Jetzt sind sie nicht so weiß wie normalerweise. Aber sie können wieder schwimmen und fliegen. Es sind viele Menschen, Journalisten und Fotografen da. Zwei*

opnieuw zwemmen en vliegen. Er zijn daar nu veel mensen, journalisten en fotografen. Binnen twee minuten begint de ceremonie. Mr. Kite begint zijn speech.

"Geachte vrienden!" zegt hij, "Het ongeval met de tanker Gran Pollucion gebeurde hier een maand geleden. We moeten nu veel vogels en dieren genezen. Het kost veel geld. Bijvoorbeeld, de behandeling van elk van deze vogels kost 5.000 dollar. Ik ben blij om jullie te informeren dat na één maand van behandeling deze twee prachtige vogels worden vrijgelaten."

Twee mannen nemen de doos met de vogels, brengen het naar het water en openen de doos. De vogels gaan uit de doos en springen in het water en zwemmen. De fotografen nemen foto's. De journalisten vragen de werknemers van het behandelingscentrum over de dieren. Ineens komt er een grote orka en eet de twee vogels op en verdwijnt terug. Alle mensen kijken naar de plaats waar de vogels waren. Het hoofd van de universiteit gelooft zijn ogen niet. De orka komt opnieuw omhoog en zoekt meer vogels. Aangezien er geen andere vogels zijn, verdwijnt hij weer. Mr. Kite moet nu zijn speech beëindigen.

"Ah…," hij zoekt de geschikte woorden, "De prachtige, constante stroom van het leven stopt nooit. Grotere dieren eten kleinere dieren enzovoort… ah… wat is dat?" zegt hij kijkend naar het water. Alle menen kijken en zien een grote truck drijven langs de kust rollend op de golven zoals een schip. Twee kerels zitten er op en kijken naar de plaats van de ceremonie.

"Hallo Mr. Kite," zegt Robert, "Waarom voeder je orka's met vogels?"

"Hallo Robert," antwoordt Mr. Kite, "Wat doen jullie jongens?"

"We wilden de truck wassen," antwoordt David.

"Dat zie ik," zegt Mr. Kite. Sommige mensen beginnen van de situatie te genieten. Ze beginnen te lachen.

"Wel, ik zal de reddingsdiensten nu bellen. Ze zullen je uit het water helpen. En ik wil je morgen in mijn kantoor zien," zegt het hoofd van de universiteit en belt de reddingsdienst.

*Minuten später beginnt die Feier. Herr Kite beginnt seine Rede.*

*„Liebe Freunde", sagt er. „Vor einem Monat passierte an dieser Stelle der Unfall mit dem Tanker Gran Pollución. Wir müssen jetzt viele Vögel und Tiere gesund pflegen. Das kostet viel Geld. Die Rehabilitation dieser zwei Vögel zum Beispiel kostet fünftausend Dollar. Und es freut mich, Ihnen mitteilen zu können, dass diese zwei wunderbaren Vögel nach einem Monat Rehabilitation freigesetzt werden."*

*Zwei Männer nehmen die Kiste mit den Vögeln, bringen sie zum Wasser und öffnen sie. Die Vögel kommen aus der Kiste, springen ins Wasser und schwimmen. Die Fotografen machen Fotos. Die Journalisten befragen Arbeiter des Rehabilitationszentrums über die Tiere. Plötzlich taucht ein großer Schwertwal auf, schluckt schnell die zwei Vögel hinunter und verschwindet wieder. Alle Leute sehen auf die Stelle, an der die Vögel zuvor gewesen waren. Der Direktor der Universität traut seinen Augen nicht. Der Schwertwal taucht wieder auf und sucht nach mehr Vögeln. Da es keine Vögel mehr gibt, verschwindet er wieder. Herr Kite muss seine Rede beenden.*

*„Ähm..." Er sucht nach passenden Worten. „Der wundervolle, beständige Fluss des Lebens hört nie auf. Größere Tiere essen kleinere Tiere und so weiter… Ähm… Was ist das?", fragt er aufs Wasser schauend. Alle schauen aufs Wasser und sehen einen großen Laster, der die Küste entlang treibt und auf den Wellen schaukelt wie ein Schiff. Zwei Jungen sitzen auf ihm und schauen zum Platz der Feier.*

*„Hallo Herr Kite", sagt Robert. „Warum füttern Sie Schwertwale mit Vögeln?"*

*„Hallo Robert", antwortet Herr Kite. „Was macht ihr da, Jungs?"*

*„Wir wollten den Laster waschen", sagt David.*

*„Alles klar", sagt Herr Kite. Einige Leute beginnen, an der Situation ihren Spaß zu haben. Sie fangen an, zu lachen.*

*„Gut, ich rufe jetzt den Rettungsdienst. Der wird euch aus dem Wasser holen. Und ich möchte euch morgen in meinem Büro sehen", sagt der Direktor der Universität und ruft den Rettungsdienst.*

# 21

## Een les
*Eine Unterrichtsstunde*

### A

**Woordenschat**

1. aandacht - die Aufmerksamkeit
2. aandacht besteden - achten auf
3. altijd - immer
4. anders - anders, sonst
5. belangrijk - wichtig
6. blijven - bleiben
7. deze dingen - diese Dinge
8. ding - das Ding, die Sache
9. geluk - das Glück
10. gezondheid - die Gesundheit
11. gieten - schütten, gießen
12. in de plaats - stattdessen
13. kinderen - die Kinder
14. klas - die Klasse
15. klein - klein
16. kruik - der Krug
17. leeg - leer
18. lichtelijk - leicht
19. medisch - medizinisch
20. minder - weniger
21. nog - noch, weiterhin
22. ouder - die Eltern
23. steen - der Stein
24. televisie - der Fernseher
25. tussen - zwischen
26. uitgeven - ausgeben, verwenden
27. verliezen - verlieren
28. vriend - der Freund

29. vriendin - die Freundin
30. welke - der, die, das *(konj.)*
31. werkelijk - wirklich
32. zand - der Sand
33. zonder - ohne
34. zonder een woord, zonder te spreken - wortlos
35. zorg - sich kümmern um

# B

## Een les

Het hoofd van de universiteit staat voor de klas. Er staan enkele dozen en andere dingen op de tafel voor hem. Wanneer de les begint, neemt hij een grote lege kruik en zonder te spreken vult het met grote stenen.
"Denken jullie dat deze kruik al vol is?" vraagt Mr. Kite de studenten.
"Ja," komen de studenten overeen.
Dan neemt hij een doos met hele kleine stenen en giet ze in de kruik. Hij schudt de kruik lichtjes. De kleine steentjes vullen natuurlijk de plaats tussen de gote stenen.
"Wat dennken jullie nu? De kruik was al vol, nietwaar?" vraagt Mr. Kite opnieuw.
"Ja, het is nu vol," komen de studenten opnieuw overeen. Ze beginnen te genieten van deze les. Ze beginnen te lachen.
Dan neemt Mr. Kite een doos met zand en giet het in de kruik. Natuurlijk vult het zand de overige ruimte.
"Nu wil ik dat jullie denken over deze kruik zoals over het leven. De groten stenen zijn de belangrijke dingen - je familie, je vriendin en vriend, je gezondheid, je kinderen, je ouders - dingen dat als je alles verliest en enkel deze overblijven, je leven nog steeds vol is. Kleine stenen zijn andere dingen die minder belangrijk zijn. Het zijn dingen zoals je huis, je baan, je auto. Zand zijn alle andere dingen - kleine dingen. Als je het zand eerst in de kruik giet, dan zal er geen ruimte zijn voor kleine of grote stenen. Hetzelfde geld voor het leven. Als je al je tijd en energie spendeert aan de kleine dingen, zal je nooit plaats hebben voor de belangrijke dingen. Besteed aandacht aan de dingen die het belangrijkst zijn voor je geluk. Speel met je kinderen of ouders. Neem de tijd voor medische testen. Neem je vriendin of vriend mee op café.

## *Eine Unterrichtsstunde*

*Der Direktor der Universität steht vor der Klasse. Auf dem Tisch vor ihm liegen Kisten und andere Dinge. Als der Unterricht beginnt, nimmt er einen großen, leeren Krug und füllt ihn wortlos mit großen Steinen.*
*„Meint ihr, dass der Krug schon voll ist?", fragt Herr Kite die Studenten.*
*„Ja, das ist er", stimmen die Studenten zu.*
*Da nimmt er eine Kiste mit sehr kleinen Steinen und schüttet sie in den Krug. Er schüttelt den Krug leicht. Die kleinen Steine füllen natürlich den Platz zwischen den großen Steinen.*
*„Was meint ihr jetzt? Der Krug ist voll, oder nicht?", fragt Herr Kite wieder.*
*„Ja, das ist er. Er ist jetzt voll", stimmen die Studenten wieder zu. Der Unterricht beginnt, ihnen Spaß zu machen. Sie lachen.*
*Da nimmt Herr Kite eine Kiste mit Sand und schüttet ihn in den Krug. Der Sand füllt natürlich den restlichen Platz.*
*„Jetzt möchte ich, dass ihr in diesem Krug das Leben seht. Die großen Steine sind wichtige Dinge - eure Familie, eure Freundin oder euer Freund, Gesundheit, Kinder, Eltern - Dinge, die euer Leben, wenn ihr alles verliert und nur sie bleiben, weiterhin füllen. Kleine Steine sind andere Dinge, die weniger wichtig sind. Dinge wie euer Haus, Job, Auto. Der Sand ist alles andere - die kleinen Dinge. Wenn ihr zuerst Sand in den Krug füllt, bleibt kein Platz für kleine oder große Steine. Das Gleiche gilt fürs Leben. Wenn ihr eure ganze Zeit und Energie für die kleinen Dinge verwendet, werdet ihr nie Platz für die Dinge haben, die euch wichtig sind. Achtet auf Dinge, die für euer Glück am wichtigsten sind. Spielt mit euren Kindern oder Eltern. Nehmt euch die Zeit für medizinische Untersuchungen. Geht mit eurer Freundin oder eurem Freund ins Café.*

Er zal altijd een mogelijkheid zijn om te werken, het huis schoon te maken en televisie te kijken," zegt Mr. Kite, "Zorg voor de grote stenen eerst - dingen die werkelijk belangrijk zijn. De rest is slechts zand." Hij bekijkt de studenten, "Nu Robert en David, wat is belangrijker voor jullie - een truck wassen of jullie levens? Jullie drijven op een truck op zee zoals op een schip, enkel omdat jullie een truck wilden wassen. Denken jullie dat er geen andere manier is om het te wassen?"
"Nee, dat denken we niet," zegt David.
"Julle kunnen in de plaats een truck wassen in een carwash, nietwaar?" zegt Mr. Kite.
"Ja, dat kunnen we," zeggen de studenten.
"Je moet altijd nadenken voor je iets doet. Je moet altijd zorg dragen voor de grote stenen, correct?"
"Ja," antwoorden de studenten.

*Es wird immer Zeit bleiben, um zu arbeiten, das Haus zu putzen oder fernzusehen", sagt Herr Kite. „Kümmert euch erst um die großen Steine - um die Dinge, die wirklich wichtig sind. Alles andere ist nur Sand." Er sieht die Studenten an. „Nun, Robert und David, was ist euch wichtiger - einen Laster zu waschen oder euer Leben? Ihr treibt auf einem Laster im Meer wie auf einem Schiff, nur weil ihr den Laster waschen wolltet. Glaubt ihr, dass es keine andere Möglichkeit gibt, ihn zu waschen?"*
*„Nein, das glauben wir nicht", sagt David.*
*„Man kann einen Laster stattdessen in einer Waschanlage waschen, nicht wahr?", sagt Herr Kite.*
*„Ja, das kann man", sagen die Studenten.*
*„Ihr müsst immer erst nachdenken, bevor ihr handelt. Ihr müsst euch immer um die großen Steine kümmern, okay?"*
*„Ja, das müssen wir", antworten die Studenten.*

# 22

## Paul werkt bij een uitgever
*Paul arbeitet in einem Verlag*

### Woordenschat

1. antwoordapparaat - der Anrufbeantworter
2. bekomen - bekommen
3. bekwaamheid - die Fähigkeit
4. bellen - anrufen
5. beroep - der Beruf
6. bieptoon - der Piepton
7. buiten - draußen
8. co-ordinatie - die Koordination
9. creatief - kreativ
10. dertig - dreißig
11. donker - dunkel
12. etc. - usw.
13. firma - die Firma
14. grappig - lustig
15. hallo - hallo
16. klaar - fertig
17. klant - der Kunde
18. koud - kalt
19. koude - die Kälte
20. krant - die Zeitung
21. magazine - die Zeitschrift
22. menselijk - der Mensch
23. moeilijk - schwer
24. mogelijk - möglich
25. neus - die Nase
26. niemand - niemand
27. niets - nichts
28. ontwerp - der Entwurf, der Text
29. ontwerpen - entwerfen, verfassen
30. ontwikkelen - entwickeln
31. opnemen - aufnehmen
32. produceren - herstellen
33. regel - die Regel
34. regen - der Regen

35. sinds, terwijl - da, weil
36. slapen - schlafen
37. speciaal - vor allem
38. spelen - spielen
39. spreken - sich unterhalten
40. tekst - der Text
41. tenminste - wenigstens
42. toekomst - zukünftig
43. trappen - die Treppe
44. treurig - traurig
45. verhaal - die Geschichte
46. verkopen - verkaufen
47. verschillend - verschieden
48. wandelen - laufen
49. weigeren - ablehnen
50. wereld - die Welt
51. zo vaak als mogelijk - so oft wie möglich

## B

## Paul werkt bij een uitgever

Paul werkt als jonge helper bij de uitgever All-round. Hij doet schrijverswerk.
"Paul, onze firmanaam is All-round," zegt het hoofd van de firma Mr. Fox. "Dit betekent dat we teksten ontwerpen en designwerk doen voor elke klant. We krijgen veel bestellingen van kranten, magazines en andere klanten. Al deze bestellingen zijn verschillend maar we weigeren ze nooit."
Paul houdt veel van zijn werk omdat hij zijn creatieve bekwaamheid kan ontwikkelen. hij houdt van creatief werk zoals teksten ontwerpen en design. Aangezien hij design studeert aan de universiteit is het een heel geschikte baan voor zijn toekomstige beroep. Mr. Fox heeft enkele nieuwe taken voor hem vandaag.
"We hebben enkele bestellingen. Jij kan er twee van doen," zegt Mr.Fox. "De eerste bestelling is van een telefoonbedrijf. Ze produceren telefoons met antwoordapparaten. Ze hebben enkele grappige teksten voor antwoordapparaten nodig. Niets verkoopt beter dan grappige dingen. Ontwerp vier of vijf teksten aub."
"Hoe lang moeten ze zijn?" vraagt Paul.
"Ze kunnen van vijf tot dertig woorden gaan," antwoordt Mr. Fox, "En de tweede bestelling komt van het magazine "Green World". Dit magazine schrijft over dieren, vogels, vissen etc. Ze hebben een tekst nodig over een huisdier. Het mag grappig of triestig zijn, of gewoon een verhaal over je eigen huisdier. Heb je een huisdier?"
"Ja, ik heb een kat. Zijn naam is Favorite,"

## *Paul arbeitet in einem Verlag*

*Paul arbeitet als junger Helfer im Verlag All-Round. Er erledigt Schreibarbeiten.*
*„Paul, unsere Firma heißt All-Round", sagt der Firmenchef Herr Fox. „Und das heißt, dass wir für jeden Kunden jede Art von Text und Design entwickeln können. Wir bekommen viele Aufträge von Zeitungen, Zeitschriften und anderen Kunden. Alle Aufträge sind verschieden, aber wir lehnen nie einen ab."*
*Paul mag diesen Job sehr, da er kreative Fähigkeiten entwickeln kann. Kreative Arbeit wie Schreiben und Design gefällt ihm. Da er Design an der Universität studiert, ist es ein passender Job für seinen zukünftigen Beruf.*
*Heute hat Herr Fox neue Aufgaben für ihn.*

*„Wir haben einige Aufträge. Du kannst zwei davon erledigen", sagt Herr Fox. „Der erste Auftrag ist von einer Telefonfirma. Sie stellen Telefone mit Anrufbeantwortern her. Sie brauchen ein paar lustige Texte für die Anrufbeantworter. Nichts verkauft sich besser als etwas Lustiges. Entwirf bitte vier, fünf Texte."*
*„Wie lang sollen sie sein?", fragt Paul.*
*„Sie können fünf bis dreißig Wörter haben", antwortet Herr Fox. „Der zweite Auftrag ist von der Zeitung ‚Grüne Welt'. Diese Zeitung schreibt über Tiere, Vögel, Fische usw. Sie brauchen einen Text über irgendein Haustier. Er kann lustig oder traurig sein oder einfach eine Geschichte über dein eigenes Haustier. Hast du ein Haustier?"*

*„Ja, ich habe eine Katze. Sie heißt Favorite", antwortet Paul. „Und ich denke, ich kann eine*

antwoordt Paul, "En ik denk dat ik een verhaal kan schrijven over zijn trucs. Wanneer moet het klaar zijn?"
"Deze twee bestellingen moeten klaar zijn tegen morgen," antwoordt Mr. Fox.
"Okay kan ik nu beginnen?" vraagt Paul.
"Ja Paul," zegt Mr. Fox.
Paul brengt zijn teksten de volgende dag. Hij heeft vijf teksten voor de antwoordapparaten. Mr. Fox leest ze:
1. "Hey. Nu zeg je iets."
2. "Hallo. Ik ben een antwoordapparaat. En wat ben jij?"
3. "Hey. Niemand is nu thuis behalve mijn antwoordapparaat. Dus je kan hiermee spreken in plaats van met mij. Wacht op de biep."
4. "Dit is geen antwoordapparaat. Dit is een machine die gedachten leest. Denk na de biep aan je naam, de reden waarom je belt en een nummer zodat ik je kan terugbellen. En ik zal er aan denken om je terug te bellen."
5. "Spreek na de biep! Je hebt het recht om te zwijgen. Ik zal alles wat je zegt opnemen en gebruiken."
"Het is niet slecht. En wat met de dieren?" vraagt Mr. Fox. Paul geeft hem een ander blad papier. Mr Fox leest.

## Enkele regels voor katten

Wandelen:
Zo vaak mogelijk, loop snel en zo dicht mogelijk bij een mens, zeker op trappen wanneer ze iets in hun handen hebben, in het donker en wanneer ze 's morgens opstaan. Dit zal ze trainen in hun co-ordinatie.
In bed:
Slaap 's nachts altijd op een mens. Zo kan hij of zij niet draaien in bed. Probeer te liggen op zijn of haar gezicht. Zorg ervoor dat je staart op hun neus ligt.
Slapen:
Om veel energie te hebben om te spelen, moet een kat veel slapen (minstens 16 uur per dag). Het is niet moeilijk om een geschikte plaats te vinden om te slapen. Elke plaats waar een mens graag zit, is goed. Er zijn ook goede plaatsen buiten. Maar je kan hen beter niet gebruiken wanneer het regent of koud is. Je kan in de plaats open vensters gebruiken.

*Geschichte über ihre Streiche schreiben. Wann sollen die Texte fertig sein?"*
*„Diese zwei Aufträge sollen bis morgen fertig sein", antwortet Herr Fox.*
*„Gut. Kann ich anfangen?", fragt Paul.*
*„Ja", sagt Herr Fox.*
*Paul bringt die Texte am nächsten Tag. Er hat fünf Texte für den Anrufbeantworter. Herr Fox liest sie:*
*1. „Hallo. Jetzt musst du etwas sagen".*
*2. „Hallo, ich bin ein Anrufbeantworter. Und was bist du?"*
*3. „Hallo. Außer meinem Anrufbeantworter ist gerade niemand zu Hause. Du kannst dich mit ihm unterhalten. Warte auf den Piepton".*
*4. „Das ist kein Anrufbeantworter. Das ist ein Gedankenaufnahmegerät. Nach dem Piepton denke an deinen Namen, den Grund, aus dem du anrufst, und die Nummer, unter der ich dich zurückrufen kann. Und ich werde darüber nachdenken, ob ich dich zurückrufe."*
*5. „Sprechen Sie nach dem Piepton! Sie haben das Recht, Ihre Aussage zu verweigern. Ich werde alles, was Sie sagen, aufzeichnen und verwenden."*
*„Nicht schlecht. Und was ist mit den Tieren?", fragt Herr Fox. Paul gibt ihm ein anderes Blatt. Herr Fox liest:*

### *Regeln für Katzen*

*Laufen:*
*Renne so oft wie möglich schnell und nahe an einem Menschen vorbei, vor allem: auf Treppen, wenn sie etwas tragen, im Dunkeln und wenn sie morgens aufstehen. Das trainiert ihre Koordination.*
*Im Bett:*
*Schlafe nachts immer auf dem Menschen, damit er sich nicht umdrehen kann. Versuche, auf seinem Gesicht zu liegen. Vergewissere dich, dass dein Schwanz genau auf seiner Nase liegt.*
*Schlafen:*
*Um genug Energie zum Spielen zu haben, muss eine Katze viel schlafen (mindestens sechzehn Stunden am Tag). Es ist nicht schwer, einen passenden Schlafplatz zu finden. Jeder Platz, an dem ein Mensch gerne sitzt, ist gut. Draußen gibt es auch viele gute Plätze. Du kannst sie aber nicht verwenden, wenn es regnet oder kalt ist. Du*

Mr. Fox lacht.
"Goed werk, Paul! Ik denk dat het magazine "Green World" je ontwerp graag zal hebben," zegt hij.

*kannst stattdessen das offene Fenster verwenden. Herr Fox lacht.*
*„Gute Arbeit, Paul! Ich denke, die Zeitung ‚Grüne Welt' wird deinen Entwurf mögen", sagt er.*

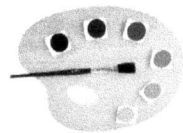

# 23

## Kattenregels
*Katzenregeln*

 **A**

### Woordenschat

1. achter - hinter
2. alhoewel - obwohl, trotzdem
3. been - das Bein
4. bekomen - bekommen
5. bijten - beißen
6. bord - der Teller
7. denken - denken
8. doen alsof - vorgeben; so tun, als ob
9. gast - der Gast
10. geheim - das Geheimnis
11. huiswerk - die Hausaufgaben
12. iets - etwas, nichts
13. kans - die Chance
14. kind - das Kind
15. koken - kochend
16. kussen - küssen
17. lekker - lecker
18. lezen - lesend
19. lief hebben - lieben
20. liefde - die Liebe
21. mug - die Stechmücke
22. paniek - die Panik; panikeren - in Panik versetzen
23. planeet - der Planet
24. raadsel - das Rätsel
25. school - die Schule
26. seizoen - die (Jahres)zeit
27. soms - manchmal, ab und zu

28. stap - der Schritt; stappen - treten
29. stelen - stehlen
30. toetsenbord - die Tastatur
31. tof - der Spaß
32. toilet - die Toilette
33. vergeten - vergessen
34. verstoppen - sich verstecken
35. verstopper - das Versteckspiel
36. weer - das Wetter
37. weglopen - weglaufen
38. weinig - wenig; een paar - ein paar
39. wrijven - reiben

## Kattenregels

"Het magazine "Green world" heeft een nieuwe bestelling geplaatst," zegt Mr. Fox tegen Paul de volgende dag, "En deze bestelling is voor jou, Paul. Ze hadden je ontwerp graag en ze willen een grotere tekst over "kattenregels"."
Het duurt twee dagen voor Paul om zijn tekst te ontwerpen. Hier is het.

### Enkele geheime regels voor katten
Alhoewel katten de beste en de meest fantastische dieren op deze planeet zijn, doen ze soms heel vreemde dingen. Eén van de mensen is erin geslaagd om enkele kattengeheimen te stelen. Hier zijn enkele leefregels om de wereld over te nemen. Maar hoe deze regels katten zullen helpen is nog steeds een raadsel voor de mensen.
Badkamers:
Ga altijd met gasten naar de badkamer en het toilet. Je moet niets doen. Zit, kijk en soms wrijf je over hun been.
Deuren:
Alle deuren moeten open zijn. Om een deur te openen, kijk je heel treurig naar mensen. Wanneer ze de deur open doen, hoef je er niet door te gaan. Als je zo de deur open krijgt sta dan in het deurgat en denk na over iets. Dit is heel belangrijk wanneer het koud is of wanneer het regent of wanneer het muggenseizoen is.
Koken:
Zit altijd achter de rechtervoet van de kokende mensen. Zo kunnen ze je niet zien en heb je een betere kans dat een mens op je stapt. Wanneer dat gebeurt, nemen ze je in hun handen en geven ze iets lekkers te eten.
Leesboeken:

## *Katzenregeln*

*„Die Zeitschrift ‚Grüne Welt' hat uns einen neuen Auftrag erteilt", sagt Herr Fox am nächsten Tag zu Paul. „ Und dieser Auftrag ist für dich. Ihnen hat dein Entwurf gefallen und sie wollen einen längeren Text über ‚Katzenregeln'."*
*Paul braucht zwei Tage für diesen Text. Hier ist er.*

### *Geheime Regeln für Katzen*
*Obwohl Katzen die besten und wundervollsten Tiere auf diesem Planeten sind, tun sie manchmal sehr seltsame Dinge. Einem Menschen ist es gelungen, ein paar Katzengeheimnisse zu stehlen. Es sind Lebensregeln, um die Weltherrschaft zu übernehmen! Es bleibt jedoch ein Rätsel, wie diese Regeln den Katzen helfen sollen.*
*Badezimmer:*
*Gehe immer mit Gästen ins Badezimmer und auf die Toilette. Du musst nichts tun. Sitze einfach nur da, sieh sie an und reibe dich ab und zu an ihren Beinen.*
*Türen:*
*Alle Türen müssen offen sein. Um eine Tür zu öffnen, stelle dich mit einem traurigen Blick vor den Menschen. Wenn er eine Tür öffnet, musst du nicht durchgehen. Wenn du auf diese Weise die Haustür geöffnet hast, bleibe in der Tür stehen und denke nach. Das ist vor allem wichtig, wenn es sehr kalt ist oder regnet oder in der Stechmückenzeit.*
*Kochen:*
*Setze dich immer genau hinter den rechten Fuß von kochenden Menschen. So können sie dich nicht sehen und die Chance ist größer, dass sie auf dich treten. Wenn das passiert, nehmen sie dich auf den Arm und geben dir etwas Leckeres zu essen.*
*Lesen:*
*Versuche, nahe an das Gesicht der lesenden Person*

Probeer dichter te komen bij een lezende mens, tussen de ogen en het boek. Het beste is om te liggen op het boek.
Huiswerk van kinderen :
Lig op boeken en doe alsof je slaapt. Maar spring af en toe op de pen. Bijt als een kind je probeert van de tafel te nemen.
Computer:
Als een mens met een computer werkt, spring op de bureau en wandel over het toetsenbord.
Voeding:
Katten moeten veel eten. Maar eten is slechts de helft van het plezier. De andere helft is het voedsel te pakken krijgen. Wanneer mensen eten, leg je je staart in hun bord wanneer ze niet kijken. Het vergroot de kans dat je een vol bord met eten krijgt. Eet nooit van je eigen bord als je voedsel van tafel kan pakken. Drink nooit van je eigen water als je kan drinken uit de mok van een mens.
Verstoppen:
Verstop je in plaatsen waar mensen je niet kunnen vinden voor enkele dagen. Dit doet mensen panikeren (waar ze van houden) omdat ze denken dat je bent weggelopen. Wanneer je uit je schuilplaats komt, zullen de mensen je kussen en hun liefde tonen. En je kan iets lekkers krijgen.
Mensen:
De taak van mensen is ons te voeden, met ons te spelen en onze kattenbak schoon te maken. Het is belangrijk dat ze niet vergeten wie het hoofd van het huis is.

zu kommen, zwischen Augen und Buch. Am besten ist es, sich auf das Buch zu legen.
*Hausaufgaben der Kinder:*
*Lege dich auf Bücher und Hefte und tue so, als ob du schläfst. Springe von Zeit zu Zeit auf den Stift. Beiße, falls ein Kind versucht, dich vom Tisch zu verscheuchen.*
*Computer:*
*Wenn ein Mensch am Computer arbeitet, springe auf den Tisch und laufe über die Tastatur.*
*Essen:*
*Katzen müssen viel essen. Aber Essen ist nur der halbe Spaß. Die andere Hälfte ist, das Essen zu bekommen. Wenn Menschen essen, lege deinen Schwanz auf ihren Teller, wenn sie nicht hinsehen. Damit vergrößerst du deine Chancen, einen ganzen Teller Essen zu bekommen. Iss nie von deinem eigenen Teller, wenn du Essen vom Tisch nehmen kannst. Trink nie aus deiner eigenen Schüssel, wenn du aus der Tasse eines Menschen trinken kannst.*
*Verstecken:*
*Verstecke dich an Orten, an denen dich Menschen ein paar Tage lang nicht finden können. Das wird die Menschen in Panik versetzen (was sie lieben), weil sie glauben, dass du weggelaufen bist. Wenn du aus deinem Versteck hervorkommst, werden sie dich küssen und dir ihre Liebe zeigen. Und du bekommst vielleicht etwas Leckeres.*
*Menschen:*
*Die Aufgabe des Menschen ist, uns zu füttern, mit uns zu spielen und unsere Kiste sauber zu machen. Es ist wichtig, dass sie nicht vergessen, wer der Chef im Haus ist.*

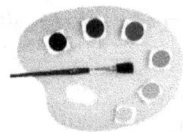

# 24

## Teamwerk
*Gruppenarbeit*

### A

**Woordenschat**

1. aanleren - beibringen
2. aarde - die Erde
3. beginnen - begann, begonnen
4. bewoog - bewegte sich
5. bloem - die Blume
6. buitenaards, alien - der Außerirdische
7. collega - der Kollege
8. dansen - tanzen
9. dansend - tanzend
10. deelnemen - teilnehmen
11. duizend - tausend
12. één van jullie - einer von euch
13. gedanst - getanzt *(part.)*
14. gedood - tötete, getötet *(part.)*
15. gestopt - beendete
16. had - hatte, gehabt
17. herinnerde - erinnerte sich
18. hield van - liebte, geliebt
19. hoofd, centraal - Haupt, zentral
20. hoorde - hörte, gehört
21. informeert - informierte, mitgeteilt
22. inschakelen - machte an
23. kapitein - der Kapitän
24. keek - sah, schaute, geschaut
25. klaar - fertig
26. komen - kam, gekommen
27. kort - kurz
28. lachte - lächelte, gelächelt
29. laser - der Laser
30. Miljard - Billionen
31. mooi - wunderschön
32. oorlog - der Krieg
33. radar - der Radar
34. radio - das Radio
35. ruimte - das Weltall
36. ruimteschip - das Raumschiff
37. schudde - wackelte
38. serie - die Serie

39. spoedig - bald
40. sterven - sterben
41. stierf - starb
42. tegen - gegen
43. televisie - der Fernseher
44. tot - bis
45. tuin - der Garten
46. vallen - fallen
47. verder kijken - weiter schauen
48. vernietigen - zerstören
49. viel - fiel
50. vloog weg - flog weg
51. voortduren - fortführen
52. wees aan - richtete
53. weg gaan - verlassen
54. werkend - arbeitend
55. wist - wusste
56. zei - sagte

# B

## Teamwerk

David wil een journalist worden. Hij studeert aan een universiteit. Hij heeft een schrijfles vandaag. Mr. Kite leert studenten om te schrijven.
"Geachte vrienden," zegt hij, "Sommigen onder jullie zullen werken voor uitgeverijen, kranten of magazines, de radio of televisie. Dit betekent dat je zal werken in een team. In een team werken is niet simpel. Nu wil ik dat jullie een journalistieke tekts schrijven in een team. Ik heb een jongen en een meisje nodig."
Veel studenten willen deelnemen aan dit teamwerk. Mr. Kite kiest David en Carol. Carol komt uit Spanje maar spreekt heel goed Engels.
"Ga zitten aan deze tafel aub. Jullie zijn nu collega's," zegt Mr. Kite tegen hen, "Jullie zullen een kort verhaal schrijven." Eén van jullie zal beginnen met schrijven en geeft het dan aan je collega. Je collega zal je tekst lezen en verder schrijven. Dan zal je collega het teruggeven en zal de eerste het lezen en verder schrijven. En zo verder tot jullie tijd op is. Ik geef jullie twintig minuten. Mr. Kite geeft hen papier en Carol begint. Ze denkt een beetje na en schrijft dan.

### Teamontwerp
Carol: Julia keek door het venster. De bloemen in haar tuin bewogen in de wind alsof ze dansten. Ze herinnerde die avond wanneer ze danste met Billy. Het was een jaar geleden maar ze herinnerde alles - zijn blauwe ogen, zijn glimlach en zijn stem. Het was een

## Gruppenarbeit

*David will Journalist werden. Er studiert an der Universität. Heute hat er einen Schreibkurs. Herr Kite bringt den Studenten bei, Artikel zu schreiben. „Liebe Freunde", sagt er, „ein paar von euch werden für Verlage, Zeitungen oder Zeitschriften, das Radio oder das Fernsehen arbeiten. Das bedeutet, dass ihr in einer Gruppe arbeiten werdet. Es ist nicht einfach, in einer Gruppe zu arbeiten. Ich möchte, dass ihr jetzt versucht, in einer Gruppe einen journalistischen Text zu schreiben. Ich brauche einen Jungen und ein Mädchen."
Viele Studenten wollen bei der Gruppenarbeit mitmachen. Herr Kite wählt David und Carol. Carol kommt aus Spanien, aber sie spricht sehr gut Englisch.
„Setzt auch bitte an diesen Tisch. Ihr seid jetzt Kollegen", sagt Herr Kite zu ihnen. „Ihr werdet einen kurzen Text schreiben. Einer von euch beginnt den Text und gibt ihn dann seinem Kollegen. Der Kollege liest den Text und führt ihn fort. Dann gibt euer Kollege ihn zurück, der Erste liest ihn und führt ihn fort. Und so weiter, bis die Zeit vorbei ist. Ihr habt zwanzig Minuten".
Herr Kite gibt ihnen Papier, und Carol fängt an. Sie denkt kurz nach und schreibt dann.*

### Gruppenarbeit
*Carol: Julia sah aus dem Fenster. Die Blumen in ihrem Garten bewegten sich im Wind, als ob sie tanzten. Sie erinnerte sich an den Abend, an dem sie mit Billy getanzt hatte. Das war vor einem Jahr gewesen, aber sie erinnerte sich an alles - seine blauen Augen, sein Lächeln, seine Stimme. Es war eine glückliche Zeit für sie gewesen, aber sie war nun*

gelukkige tijd voor haar. Maar dat was nu over. Waarom was hij niet bij haar?
David: Op dit moment was ruimtekapitein Billy Brisk op het ruimteschip White Star. Hij had een belangrijke taak en hij had geen tijd om te denken aan dat stomme meisje met wie hij een jaar geleden had gedanst. Hij richtte snel de lasers van de White Star op het buitenaardse ruimteschip. Dan schakelde hij de radio aan en sprak tot de aliens: "Ik geef je één uur om je over te geven. Als je je binnen één uur niet hebt overgegeven, zal ik je vernietigen." Maar voor hij gedaan had, raakte een buitenaardse laser de linkermotor van de White Star. Billy's laser begon het buitenaardse ruimteschip te raken en op hetzelfde moment schakelde hij de hoofd en rechtermotor aan. De buitenaardse laser vernietigde de werkende rechtermotor en de White Star schudde zwaar. Billy viel op de grond en dacht tijdens zijn val welke van de buitenaardse ruimteschepen hij eerst moet vernietigen.
Carol: Maar hij stootte zijn hoofd op de metalen vloer en stierf op hetzelfde moment. Maar voor hij stierf, herinnerde hij dat arme mooie meisje van wie hij hield en hij vond het heel spijtig dat hij haar had achter gelaten. Al gauw stopten de mensen de belachelijke oorlog met de aliens. Julia was heel gelukkig wanneer ze dit hoorde. Daarna schakelde ze de televisie aan en keek verder naar haar prachtige Duitse serie.
David: Omdat de mensen hun eigen radars en lasers vernietigd hadden, wist niemand dat de ruimteschepen van de aliens heel dicht tot bij de aarde kwamen. Duizenden buitenaardse lasers raakten de aarde en vermoorden arme, stomme Julia en vijf miljard mensen in een seconde. De aarde was vernietigd en zijn brandende stukken vlogen weg in de ruimte. "Ik zie dat je het kon beeindigen vooraleer je tijd op was," lacht Mr. Kite, "Wel, de les is gedaan. Laten we dit teamontwerp lezen en bespreken tijdens de volgende les."

*vorbei. Warum war er nicht bei ihr?*
*David: Zu dieser Zeit war Raumschiffkapitän Billy Brisk in seinem Raumschiff White Star. Er hatte eine wichtige Mission und keine Zeit, über dieses dumme Mädchen, mit dem er vor einem Jahr getanzt hatte, nachzudenken. Schnell richtete er den Laser der White Star auf die Raumschiffe Außerirdischer. Dann stellte er das Funkgerät an und sprach zu den Außerirdischen: „Ihr habt eine Stunde, um aufzugeben. Wenn ihr in einer Stunde nicht aufgebt, werde ich euch zerstören." Kurz bevor er seine Rede beendet hatte, traf jedoch ein Laser der Außerirdischen den linken Motor der White Star. Billys Laser begann, auf die Raumschiffe der Außerirdischen zu schießen, und gleichzeitig schaltete Billy den Hauptmotor und den rechten Motor an. Der Laser der Außerirdischen zerstörte den funktionierenden rechten Motor, und die White Star wackelte stark. Billy fiel auf den Boden und überlegte währenddessen, welches der Raumschiffe der Außerirdischen er zuerst zerstören musste.*
*Carol: Aber er schlug mit seinem Kopf auf dem metallenen Boden auf und war sofort tot. Bevor er starb, dachte er noch an das arme schöne Mädchen, das ihn liebte, und es tat ihm sehr leid, dass er es verlassen hatte. Kurz darauf beendeten die Menschen den dummen Krieg gegen die armen Außerirdischen. Sie zerstörten all ihre eigenen Raumschiffe und Laser und teilten den Außerirdischen mit, dass die Menschen nie wieder einen Krieg gegen sie beginnen würden. Die Menschen sagten, sie wollten Freunde der Außerirdischen sein. Julia war sehr froh, als sie davon hörte. Dann machte sie den Fernseher an und schaute eine tolle deutsche Serie weiter.*
*David: Da die Menschen ihre eigenen Radare und Laser zerstört hatten, wusste niemand, dass Raumschiffe der Außerirdischen der Erde sehr nahe kamen. Tausende Laser der Außerirdischen trafen die Erde und töten die arme, dumme Julia und fünf Billionen Menschen in einer Sekunde. Die Erde war zerstört, und ihre Teile flogen in den Weltraum hinaus.*
*„Wie ich sehe, habt ihr euren Text fertig, bevor die Zeit um ist", sagte Herr Kite lächelnd. „Gut, der Unterricht ist vorbei. Lasst uns das nächste Mal diese Gruppenarbeit lesen und darüber sprechen."*

# 25

## Robert en David zoeken een nieuwe job
*Robert und David suchen einen neuen Job*

 **A**

### Woordenschat

1. aanbevelen - empfehlen
2. aanbeveling - die Empfehlung
3. aanbiedingen - das Inserat
4. advertentie - die Anzeige
5. artiest - der Künstler
6. bedienen - bedienen
7. boer - der Bauer
8. buur - der Nachbar
9. cadeau - die Begabung
10. consultancy - die Beratung
11. dierenarts - der Tierarzt
12. dokter - der Arzt
13. dromen - träumen
14. droom - der Traum
15. gevonden - gefunden
16. huisdier - das Haustier
17. idee - die Idee
18. ingenieur - der Ingenieur
19. kat - das Kätzchen
20. kunst - die Kunst
21. leeftijd - das Alter
22. leider - der Führer
23. luidop - laut
24. methode - die Methode
25. monotoon - monoton
26. natuur - die Natur
27. persoonlijk - persönlich
28. programmeur - der Programmierer
29. puppy - der Welpe
30. rat - die Ratte

31. reizen - reisen
32. rubriek - die Rubrik
33. schatten - beurteilen
34. schrijver - der Schriftsteller
35. sluw - schlau
36. Spaans - spanisch
37. spaniel - der Spaniel
38. terwijl - während
39. vertaler - der Übersetzer
40. voedsel - das Essen
41. vragenlijst - der Fragebogen
42. vuil - dreckig

## B

## Robert en David zoeken een nieuwe job

Robert en David zijn bij David thuis. David maakt de tafel schoon na het ontbijt en Robert leest advertenties en aanbiedingen in de krant. Hij leest de rubriek "Dieren". Davids zus Nancy is ook in de kamer. Ze probeert de kat te vangen die zich verstopt onder het bed.
"Er zijn zoveel gratis huisdieren in de krant. Ik denk dat ik een hond of kat zal kiezen. David, wat denk jij?" vraagt Robert aan David.
"Nancy, laat de kat met rust!" zegt David kwaad. "Wel Robert, het is geen slecht idee. Jouw huisdier zal altijd thuis op je wachten en zal zo gelukkig zijn wanneer je thuiskomt en hem voedsel geeft. En vergeet niet dat je met je huisdier 's morgens of 's avonds zal moeten wandelen of zijn doos schoonmaken. Soms zal je de vloer moeten schoonmaken en je huisdier naar de dierenarts brengen. Dus denk goed na voor je een huisdier neemt."
"Wel, ik heb hier enkele advertenties. Luister," zegt Robert en begint luidop te lezen:
"Gevonden, vuile witte hond, lijkt op een rat. Het kan lang buiten leven. Ik geef het weg voor geld."
Hier is er nog één:
"Spaanse hond, spreekt Spaans. Geven hem gratis. En gratis puppies, half spaniel, half sluwe hond van de buren."
Robert kijkt naar David, "Hoe kan een hond Spaans spreken?"
"Een hond kan Spaans verstaan. Versta jij Spaans?" vraagt David lachend.
"Ik versta geen Spaans. Luister, hier is nog een advertentie:
Geven gratis boerderijkatten weg. Klaar om te

## Robert und David suchen einen neuen Job

Robert und David sind bei David zu Hause. David macht den Tisch nach dem Frühstück sauber, und Robert liest Anzeigen und Inserate in der Zeitung. Er liest die Rubrik ‚Tiere'. Davids Schwester Nancy ist auch im Zimmer. Sie versucht, die Katze, die sich unterm Bett versteckt, zu fangen.
„Es gibt so viele kostenlose Tiere in der Zeitung. Ich denke, ich werde mir eine Katze oder einen Hund aussuchen. Was meinst du, David?", fragt Robert.
„Nancy, hör auf, die Katze zu ärgern", sagt David wütend. „Na ja, Robert, das ist keine schlechte Idee. Dein Haustier wartet immer zu Hause auf dich und ist so glücklich, wenn du nach Hause kommst und ihm Futter gibst. Und vergiss nicht, dass du morgens und abends mit deinem Tier Gassi gehen oder seine Kiste sauber machen musst. Manchmal musst du den Boden putzen oder mit dem Tier zum Tierarzt gehen. Also, denk gut darüber nach, bevor du dir ein Haustier anschaffst."
„Also, hier sind ein paar Anzeigen. Hör zu", sagt Robert und beginnt, laut vorzulesen:
„Habe einen dreckigen, weißen Hund gefunden, sieht aus wie eine Ratte. Hat vielleicht lange auf der Straße gelebt. Ich gebe ihn für Geld her.
Und hier noch eine:
Spanischer Hund, spricht Spanisch. Gebe ihn kostenlos ab. Und kostenlose Welpen, halb Spaniel, halb schlauer Nachbarshund."
Robert sieht David an: „Wie kann ein Hund Spanisch sprechen?"
„Ein Hund kann Spanisch verstehen. Verstehst du Spanisch?", fragt David grinsend.
„Ich verstehe kein Spanisch. Hör zu, hier ist noch eine Anzeige:
Gebe kostenlos Kätzchen vom Bauernhof her. Fertig zum Essen. Sie essen alles."

eten. Ze eten alles."
Robert draait de krant, "Wel, ik denk dat huisdieren kunnen wachten. Ik zal beter een nieuwe baan zoeken." Hij vindt de banenrubriek en leest luidop.
"Zoek je een geschikte baan? Uitzendbureau "Suitable personnel" kan je helpen. Onze consultants schatten je persoonlijke bekwaamheden in en zullen je de meest geschikte baan aanbevelen."
Robert kijkt op en zegt: "David wat denk je?"
"De beste baan voor jou is een truck wassen in zee en het dan laten drijven," zegt Nancy en loopt snel uit de kamer.
"Het is geen slecht idee. Laten we nu gaan," antwoordt David en neemt voorzichtig de kat uit de ketel, waar Nancy het dier een minuut geleden heeft ingestopt.
Robert en David arriveren bij het uitzendbureau "Suitable Personnel" met de fiets. Er is geen wachtrij, dus gaan ze naar binnen. Er zijn daar twee vrouwen. Eén van hen telefoneert. De andere vrouw schrijft iets. Ze vraagt Robert en David om te gaan zitten. Haar naam is Mevr. Sharp. Ze vraagt hen hun namen en hun leeftijd.
"Wel, laat me uitleggen welke methode we gebruiken. Kijk, er zijn vijf soorten banen.
1. De eerste soort is man - natuur. Banen : boer, werknemer in de Zoo etc.
2. De tweede soort is man - machine. Banen : piloot, taxichauffeur, trucker, etc.
3. De derde soort is man - man. Banen : dokter, leraar, journalist etc.
4. De vierde soort is man - computer. Banen: vertaler, ingenieur, programmeur etc.
5. De vijfde soort is man - kunst. Banen: schrijver, artiest, zanger etc.
We geven enkel aanbevelingen over de geschikte job wanneer we je beter leren kennen. Eerst moeten we je persoonlijke bekwaamheden inschatten. Ik moet weten wat je graag hebt en wat je niet graag hebt. Dan zullen we weten welk soort beroep het best geschikt is voor jullie. Vul aub deze vragenlijst nu in," zegt Mevr. Sharp en geeft hen de vragenlijst. David en Robert vullen de vragenlijst in.

*Robert blättert die Zeitung um. „Na gut, ich denke, Tiere können warten. Ich suche besser einen Job."
Er findet die Stellenanzeigen und liest laut:*

*„Suchen Sie nach einem passenden Job? Die Arbeitsvermittlung ‚Passende Mitarbeiter' kann Ihnen helfen. Unsere Berater beurteilen Ihre persönliche Begabung und erstellen Ihnen eine Empfehlung für den passendsten Beruf."
Robert sieht auf und sagt: „Was meinst du, David?"
„Der beste Job für euch ist, einen Laster im Meer zu waschen und ihn wegschwimmen zu lassen", sagt Nancy und rennt dann schnell aus dem Zimmer.
„Keine schlechte Idee. Lass uns gleich gehen", antwortet David und holt vorsichtig die Katze aus dem Kessel, in den Nancy sie kurz zuvor gelegt hatte.
Robert und David fahren mit dem Fahrrad zur Arbeitsvermittlung ‚Passende Mitarbeiter'. Es gibt keine Schlange und sie gehen hinein. Zwei Frauen sind da. Eine von ihnen telefoniert. Die andere schreibt etwas. Sie bittet Robert und David, Platz zu nehmen. Sie heißt Frau Sharp. Sie fragt sie nach ihren Namen und ihrem Alter.
„Gut, lasst mich euch die Methode, nach der wir arbeiten, erklären. Seht, es gibt fünf Berufskategorien:
1. Die Erste ist Mensch - Natur. Berufe: Bauer, Tierpfleger usw.
2. Die Zweite ist Mensch - Maschine. Berufe: Pilot, Taxifahrer, Lastwagenfahrer usw.
3. Die Dritte ist Mensch - Mensch. Berufe: Arzt, Lehrer, Journalist usw.
4. Die Vierte ist Mensch - Computer. Berufe: Übersetzer, Ingenieur, Programmierer usw.
5. Die Fünfte ist Mensch - Kunst. Berufe: Schriftsteller, Künstler, Sänger usw.
Wir erstellen Empfehlungen für passende Berufe erst, wenn wir euch besser kennengelernt haben. Lasst mich zuerst eure persönlichen Begabungen beurteilen. Ich muss wissen, was ihr mögt und was ihr nicht mögt. Dann wissen wir, welcher Beruf am besten zu euch passt. Füllt jetzt bitte den Fragebogen aus", sagt Frau Sharp und gibt ihnen die Fragebögen. David und Robert füllen die Fragebögen aus.*

## Vragenlijst
Naam: *David Tweeter*

Machines bekijken - Geen probleem mee
Spreken met mensen - Graag
Klanten bedienen - Geen probleem mee
Rijden met auto's, trucks - Graag
Binnen werken - Graag
Buiten werken - Graag
Veel herinneren - Geen probleem mee
Reizen - Graag
Inschatten, controleren - Haat ik
Vuil werk - Geen probleem mee
Monotoon werk - Haat ik
Hard werken - Geen probleem mee
Leider zijn - Geen probleem mee
Teamwerk - Geen probleem mee
Dromen terwijl je werkt - Graag
Trainen - Geen probleem mee
Creatief werken - Graag
Werken met teksten - Graag

## *Fragebogen*
Name: *David Tweeter*

*Maschinen beobachten - Habe ich nichts dagegen*
*Mit Menschen sprechen - Mag ich*
*Kunden bedienen - Habe ich nichts dagegen*
*Autos, Lastwagen fahren - Mag ich*
*Im Büro arbeiten - Mag ich*
*Draußen arbeiten - Mag ich*
*Mir viel merken - Habe ich nichts dagegen*
*Reisen - Mag ich*
*Bewerten, kontrollieren - Hasse ich*
*Dreckige Arbeit - Habe ich nichts dagegen*
*Monotone Arbeit - Hasse ich*
*Schwere Arbeit - Habe ich nichts dagegen*
*Führer sein - Habe ich nichts dagegen*
*In der Gruppe arbeiten - Habe ich nichts dagegen*
*Während der Arbeit träumen - Mag ich*
*Trainieren - Habe ich nichts dagegen*
*Kreative Arbeit - Mag ich*
*Mit Texten arbeiten - Mag ich*

## Vragenlijst
Naam: *Robert Genscher*

Machines bekijken - Geen probleem mee
Spreken met mensen - Graag
Klanten bedienen - Geen probleem mee
Rijden met auto's, trucks - Geen probleem mee
Binnen werken - Graag
Buiten werken - Graag
Veel herinneren - Geen probleem mee
Reizen - Graag
Inschatten, controleren - Geen probleem mee
Vuil werk - Geen probleem mee
Monotoon werk - Haat ik
Hard werken - Geen probleem mee
Leider zijn - Haat ik
Teamwerk - Graag
Dromen terwijl je werkt - Graag
Trainen - Geen probleem mee
Creatief werken - Graag
Werken met teksten - Graag

## *Fragebogen*
Name: *Robert Genscher*

*Maschinen beobachten - Habe ich nichts dagegen*
*Mit Menschen sprechen - Mag ich*
*Kunden bedienen - Habe ich nichts dagegen*
*Autos, Lastwagen fahren - Habe ich nichts dagegen*
*Im Büro arbeiten - Mag ich*
*Draußen arbeiten - Mag ich*
*Mir viel merken - Habe ich nichts dagegen*
*Reisen - Mag ich*
*Bewerten, kontrollieren - Habe ich nichts dagegen*
*Dreckige Arbeit - Habe ich nichts dagegen*
*Monotone Arbeit - Hasse ich*
*Schwere Arbeit - Habe ich nichts dagegen*
*Führer sein - Hasse ich*
*In der Gruppe arbeiten - Mag ich*
*Während der Arbeit träumen - Mag ich*
*Trainieren - Habe ich nichts dagegen*
*Kreative Arbeit - Mag ich*
*Mit Texten arbeiten - Mag ich.*

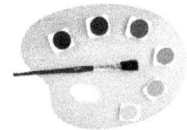

# 26

## Solliciteren voor "San Franisco Nieuws"
*Bewerbung bei den "San Francisco News"*

## A

### Woordenschat

1. aanbevolen - empfohlen
2. aangekomen - angekommen
3. asterisk - das Sternchen
4. begeleiden - begleiten
5. crimineel - der Verbrecher
6. éénentwintig - einundzwanzig
7. financiën - die Finanzwissenschaft
8. formulier - das Formular
9. geschat - ausgewertet
10. geslacht - das Geschlecht
11. geven - gab
12. gevraagd - gefragt
13. gewerkt - gearbeitet
14. informatie - die Information, die Angabe
15. juffrouw - Fräulein
16. kon - könnte, kann
17. leeg - leer
18. leren over - kennengelernt
19. mannelijk - männlich
20. nationaliteit - die Nationalität
21. nemen - nahm
22. onderstrepen - unterstreichen
23. opleiding - die Ausbildung
24. patrouille - die Patrouille, die Streife
25. politie - die Polizei
26. rapporteren - berichten
27. reporter - der Reporter
28. single - ledig
29. solliciteren - sich bewerben
30. staat - der Stand; burgerlijke staat - der Familienstand
31. tot ziens - Auf Wiedersehen
32. tweede naam - der zweite Name
33. uitgever - der Herausgeber

34. veld - das Feld
35. verlaten - verlassen
36. vloeiend - fließend
37. vrouwelijk - weiblich
38. week - die Woche
39. zeventien - siebzehn

## Solliciteren bij "San Franciso News"

Mevrouw Sharp schat Davids en Roberts antwoorden van de vragenlijst in. Wanneer ze leert over hun bekwaamheden kan ze hen aanbevelingen over geschikte banen geven. Ze zegt dat de derde soort banen het meest geschikt is voor hen. Ze kunnen werken als dokter, leraar, journalist, etc. Mevrouw Sharp beveelt hen aan om te solliciteren voor een job bij de krant "San Francisco News". Ze hebben een deeltijdse baan voor studenten die politierapporten kunnen schrijven voor de misdaadrubriek. Zo arriveren Robert en David bij de personeelsafdeling van de krant "San Franciso News" en solliciteren ze voor deze job.
"We zijn bij uitzendbureau "Suitable personnel" geweest vandaag," zegt David tegen Mej. Slim die het hoofd is van de personeelsafdeling, "Ze hebben ons aangeraden om te solliciteren bij jouw krant."
"Wel, heb je al gewerkt als reporter?" vraagt Mej. Slim.
"Nee," antwoordt David.
"Vul aub deze persoonlijke informatie formulieren in," zegt Mej. Slim en geeft hen twee formulieren. Robert en David vullen hun persoonlijke informatie formulieren in.

### Persoonlijke informatie formulieren
*Vul de velden in met een asteriks \*. De rest moet je niet invullen.*
Voornaam\* - *David*
Tweede naam
Achternaam\* - *Tweeter*
Geslacht\* (onderstreep) - <u>*Mannelijk*</u> *Vrouwelijk*
Leeftijd\* - *Twintig jaar*
Nationaliteit - *Amerikaan*
Burgerlijke staat (onderstreep) - <u>*ongehuwd*</u> *getrouwd*

## Bewerbung bei den „San Francisco News'

*Frau Sharp wertete Davids und Roberts Antworten im Fragebogen aus. Indem sie ihre persönlichen Begabungen kennenlernte, konnte sie ihnen Empfehlungen für passende Berufe geben. Sie sagte, dass die dritte Berufskategorie am besten zu ihnen passte. Sie könnten als Arzt, Lehrer oder Journalist arbeiten. Frau Sharp empfahl ihnen, sich um einen Job bei der Zeitung ‚San Francisco News' zu bewerben. Die hatte einen Nebenjob für Studenten zu vergeben, die Polizeiberichte in der Rubrik über Verbrechen verfassen konnten. Also gingen Robert und David in die Personalabteilung der Zeitung ‚San Francisco News' und bewarben sich um den Job.*

*„Wir waren heute bei der Arbeitsvermittlung Passende Mitarbeiter", sagte David zu Frau Slim, der Leiterin der Personalabteilung. „Sie haben uns empfohlen, uns bei Ihrer Zeitung zu bewerben."*
*„Habt ihr schon als Reporter gearbeitet?", fragte Frau Slim.*
*„Nein", antwortete David.*
*„Füllt bitte diese Formulare mit euren persönlichen Angaben aus", sagte Frau Slim und gab ihnen zwei Formulare. Robert und David füllten sie aus.*

### Persönliche Angaben
*Alle mit einem Sternchen \* markierten Felder müssen ausgefüllt werden. Die anderen Felder können leer gelassen werden.*
Vorname - *David*
Zweiter Name
Nachname - *Tweeter*
Geschlecht (unterstreiche) - <u>*männlich*</u> *weiblich*
Alter - *Zwanzig*
Nationalität - *Amerikaner*
Familienstand (unterstreiche) - <u>*ledig*</u> *verheiratet*
Addresse - *11 Queen street, San Francisco, USA*
Ausbildung - *Ich studiere Journalismus im dritten*

Adres - *11 Queen street, San Francisco, VS*
Opleiding - *Ik studeer journalistiek in het derde jaar aan de universiteit.*
Waar heb je nog gewerkt - *Ik heb twee maanden gewerkt als hulp op een boerderij.*
Welke ervaring en bekwaamheden heb je opgedaan?* - *Ik kan met een auto en een truck rijden. Ik kan een computer gebruiken.*
Talen* 0 - no, 10 - vloeiend - *Spaans - 8, Engels - 10*
Rijbewijs (onderstreep) - *Ja Nee soort: BC, ik kan met trucks rijden.*
Je hebt een job nodig* (onderstreep) - *Full time Part time: 15 uur per week.*
Je wil verdienen - *15 dollar per uur*

### Persoonlijke informatie formulieren
*Vul de velden in met een asteriks *. De rest moet je niet invullen.*

Voornaam* - *Robert*
Tweede naam
Achternaam* - *Genscher*
Geslacht* (onderstreep) - *Mannelijk Vrouwelijk*
Leeftijd* - *Eénentwintig jaar*
Nationaliteit - *Duits*
Burgerlijke staat (onderstreep) - *Ongehuwd getrouwd*
Adres - *Room 218, studentenhuis, College Street 36, San Francisco, de VS.*
Opleiding - *Ik studeer computerdesign in het tweede jaar aan de universiteit.*
Waar heb je nog gewerkt - *Ik heb twee maanden gewerkt als hulp op een boerderij.*
Welke ervaring en bekwaamheden heb je opgedaan?* - *Ik kan met een computer werken.*
Talen* 0 - no, 10 - vloeiend - *Duits - 10, Engels - 8*
Rijbewijs (onderstreep) - *Ja Nee*
Je hebt een job nodig* (onderstreep) - *Full time Part time: 15 uur per week*
Je wil verdienen - *15 dollar per uur*
Mej. Slim brengt hun persoonlijke informatie formulieren naar de uitgever van "San Francisco News".
"De uitgever gaat akkoord," zegt Mej. Slim wanneer ze terugkomt, "Jullie zullen meegaan met een politiepatrouille en dan een rapport schrijven voor de misdaadrubriek. Een politieauto zal jullie morgen om zeventien uur

*Jahr an der Universität*
*Wo haben Sie zuvor gearbeitet? - Ich habe zwei Monate auf einem Bauernhof gearbeitet*
*Welche Erfahrung und Fähigkeiten haben Sie? - Ich kann Auto und Lastwagen fahren und mit dem Computer arbeiten.*
*Sprachen 0 - nein, 10 - fließend - Spanisch - 8, Englisch - 10*
*Führerschein (unterstreiche) - Nein Ja Typ: BC Kann Lastwagen fahren.*
*Sie brauchen einen Job (unterstreiche) - Vollzeit Teilzeit: 15 Stunden die Woche*
*Sie wollen verdienen - 15 Dollar die Stunde*

### *Persönliche Angaben*
*Alle mit einem Sternchen * markierten Felder müssen ausgefüllt werden. Die anderen Felder können leer gelassen werden.*

*Vorname - Robert*
*Zweiter Name*
*Nachname - Genscher*
*Geschlecht (unterstreiche) - männlich weiblich*
*Alter - einundzwanzig*
*Nationalität - Deutscher*
*Familienstand (unterstreiche) - ledig verheiratet*
*Addresse - Zimer 218, Studentenwohnheim, College Street 36, San Francisco, USA*
*Ausbildung - Ich studiere Computerdesign im zweiten Jahr an der Universität*
*Wo haben Sie zuvor gearbeitet? - Ich habe zwei Monate auf einem Bauernhof gearbeitet*
*Welche Erfahrung und Fähigkeiten haben Sie? - Ich kann mit dem Computer umgehen*
*Sprachen 0 - nein, 10 - fließend - Deutsch - 10, Englisch - 8*
*Führerschein (unterstreiche) - Nein Ja Typ:*
*Sie brauchen einen Job (unterstreiche) - Vollzeit Teilzeit: 15 Stunden die Woche*
*Sie wollen verdienen - 15 Dollar die Stunde*

*Frau Slim brachte die Formulare mit ihren persönlichen Angaben zum Herausgeber der ‚San Francisco News'.*
*„Der Herausgeber ist einverstanden", sagte Frau Slim, als sie zurückkam. „Ihr begleitet eine Polizeistreife und schreibt dann Berichte für die Kriminalrubrik. Morgen um siebzehn Uhr werdet ihr von einem Polizeiauto abgeholt. Seid pünktlich da, ok?"*

oppikken. Wees er op tijd, aub?"
"Zeker," zegt David, "Tot ziens."
"Tot ziens," antwoordt Mej. Slim.

„Klar", antwortete Robert.
„Ja, wir werden pünktlich sein", sagte David. „Auf Wiedersehen".
„Auf Wiedersehen", antwortete Frau Slim.

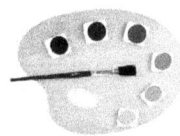

# 27

## De politiepatrouille (deel 1)
*Die Polizeistreife (Teil 1)*

 **A**

### Woordenschat

1. achtervolging - die Verfolgung
2. alarm - der Alarm
3. bang - ängstlich
4. begeleiden - begleitet
5. begreep - verstanden
6. blaffen - bellte
7. deed - tat
8. dief - der Dieb
9. dieven - die Diebe
10. droog - trocken; drogen - trocknen
11. gehaast - raste
12. geopend - öffnete
13. gesloten - geschlossen
14. geweer - die Waffe
15. gordel - der Sicherheitsgurt
16. handboeien - die Handschellen
17. honderd - hundert
18. hoog - hoch
19. iedereen - alle
20. jankend - heulend
21. leren kennen - getroffen, kennengelernt
22. limiet - die Begrenzung

23. microfoon - das Mikrofon
24. overval, inbraak - der Diebstahl
25. politieagent - der Polizist
26. prijs - der Preis
27. probeerde - versuchte
28. rijden - fuhr
29. rondkijken - sich umsehen
30. sergeant - der Polizeihauptmeister
31. sirene - die Sirene
32. sleutel - der Schlüssel
33. snelheid - die Geschwindigkeit; te snel rijden - rasen
34. snelheidsovertreder - der Raser
35. stapte - trat
36. starten - fuhr los
37. toonde - zeigte
38. twaalf - zwölf
39. vastmaken - anschnallen
40. verdomme - verdammt
41. verstopt - versteckte
42. wachte - wartete
43. Wat is er aan de hand? - Was ist los?
44. wenen - gerufen

## B

## De politiepatrouille (deel 1)

Robert en David arriveren bij het gebouw van de krant "San Francisco News" de volgende dag om zeventien uur. De politieauto wacht al op hen. De politieman stapt uit de wagen.
"Hallo, ik ben sergeant Frank Strict," zegt hij wanneer David en Robert naar de auto gaan.
"Hallo, aangenaam je te ontmoeten. Mijn naam is Robert. We moeten je begeleiden," antwoordt Robert.
"Hallo. Ik ben David. Was je al lang aan het wachten op ons?" vraagt David.
"Nee. Ik ben hier net aangekomen. Laten we instappen. We beginnen nu met de patrouille van de stad," zegt de politieman. Ze stappen allemaal in de politieauto.
"Begeleiden jullie een politiepatrouille voor de eerste keer?" vraagt sergeant Strict terwijl hij de motor start.
"We hebben nog nooit een politiepatrouille begeleid," antwoordt David.
"Op dit moment begint de politieradio te praten: Opgepast P11 en P07! Een blauwe auto is te snel aan het rijden langs College street."
"P07 heeft het," zegt sergeant Strict in de microfoon. Dan zegt hij tegen de jongens: "De nummer van onze auto is P07." Een grote blauwe auto passeert hen tegen heel hoge snelheid. Frank Strict neemt de microfoon opnieuw en zegt "P07 spreekt. Ik zie de te snel rijdende blauwe auto. Begin de achtervolging."

## Die Polizeistreife (Teil 1)

*Am nächsten Tag kamen Robert und David um siebzehn Uhr zum Gebäude der Zeitung ‚San Francisco News'. Das Polizeiauto wartete schon auf sie. Ein Polizist stieg aus dem Auto.*
*„Hallo. Ich bin Polizeihauptmeister Frank Strict", sagte er, als David und Robert zum Auto kamen.*
*"Hallo, schön, Sie kennenzulernen. Ich heiße Robert. Wir sollen Sie heute begleiten", antwortete Robert.*
*„Hallo, ich bin David. Haben Sie schon lange auf uns gewartet?", fragte David.*
*„Nein, ich bin gerade erst gekommen. Lasst uns einsteigen. Wir fangen jetzt mit der Streife in der Stadt an", sagte der Polizist. Sie stiegen alles ins Polizeiauto.*
*„Begleitet ihr zum ersten Mal eine Polizeistreife?", fragte Polizeihauptmeister Strict und machte den Motor an.*
*„Wir haben noch nie eine Polizeistreife begleitet", antwortete David.*
*In diesem Moment meldete sich der Polizeifunk: „Achtung P11 und P07! Ein blaues Auto fährt zu schnell auf der Universitätsstraße."*
*„P07 ist dran", sagte Polizeihauptmeister Strict ins Mikrofon. Dann sagte er zu den Jungs: „Die Nummer unseres Autos ist P07." Ein großes blaues Auto raste mit hoher Geschwindigkeit an ihnen vorbei. Frank Strict nahm das Mikrofon und sagte: „Hier spricht P07. Ich sehe das rasende Auto. Nehme die Verfolgung auf". Dann sagte er zu den Jungs: „Bitte anschnallen!" Das Polizeiauto fuhr*

Dan zegt hij tegen de jongens, "Doe jullie gordel aan." De politieauto start snel. De sergeant duwt op het gas en zet de sirene aan. Ze passeren aan grote snelheid en met een jankende sirene gebouwen, auto's en bussen. Frank Strict laat de blauwe auto stoppen. De sergeant stapt uit de auto en gaat naar de snelheidsovertreder. David en Robert volgen hem.

"Ik ben politieofficier Frank Strict. Toon jouw rijbewijs aub," zegt de politieman tegen de snelheidsovertreder.

"Hier is mijn rijbewijs," zegt de chauffeur zijn rijbewijs tonend. "Wat is er aan de hand?" zegt hij kwaad.

"Je reed door de stad met een snelheid van honderdtwintig kilometer per uur. De snelheidslimiet is vijftig," zegt de sergeant.

"Ah, dat. Zie, ik heb net mijn auto gewassen. Dus ik reed een beetje sneller om hem te drogen," zegt de man met een sluwe lach.

"Kost het veel om je auto te wassen?" vraagt de politieman.

"Niet veel. Het kost twaalf dollar," zegt de snelheidsovertreder.

"Je kent de prijzen niet," zegt sergeant Strict. "Het kost je werkelijk tweehonderdtwaalf dollar want je zal tweehonderd dollar betalen om je auto te drogen. Hier is de boete. Nog een prettige dag," zegt de politieman. Hij gaf een boete voor de overtreden snelheid van tweehonderd dollar en het rijbewijs aan de snelheidsovertreder en gaat terug naar de politieauto.

"Frank, Ik denk dat je veel ervaring hebt met snelheidsovertreders, niet?" vraagt David de politieman.

" Ik heb er al veel ontmoet," zegt Frank de motor startend, "Eerst kijken ze als kwade tijgers of sluwe vossen. Maar nadat ik met hen heb gesproken zijn ze zo bang als katten of stomme aapjes. Zoals die in de blauwe auto." Ondertussen reed een kleine witte auto traag langs een straat niet ver van het stadspark. De auto stopte bij een winkel. Een man en een vrouw stappen uit en gaan naar de winkel. Hij was gesloten. De man kijkt rond. Dan neemt hij snel enkele sleutels en probeert om de deur te

schnell los. Der Polizeihauptmeister trat das Gaspedal voll durch und machte die Sirene an. Mit heulender Sirene rasten sie an Gebäuden, Autos und Bussen vorbei. Frank Strict brachte das blaue Auto zum Anhalten. Der Polizeihauptmeister stieg aus dem Auto aus und ging zu dem Raser. David und Robert gingen ihm nach.

„Ich bin Polizeibeamter Frank Strict. Zeigen Sie mir bitte Ihren Führerschein", sagte der Polizist zu dem Raser.

„Hier ist mein Führerschein." Der Fahrer zeigte seinen Führerschein. „Was ist los?", fragte er wütend.

„Sie sind mit hundertzwanzig km/h durch die Stadt gefahren. Die Geschwindigkeitsbegrenzung ist fünfzig", sagte der Polizeihauptmeister.

„Ach so, das. Wissen Sie, ich habe gerade mein Auto gewaschen. Ich bin ein bisschen schneller gefahren, damit es trocknet", sagte der Mann mit einem schlauen Grinsen.

„Ist es teuer, Ihr Auto zu waschen?", fragte der Polizist.

„Nein. Es kostet zwölf Dollar", sagte der Raser.

„Sie kennen die Preise nicht", sagte Polizeihauptmeister Strict. „In Wirklichkeit kostet es Sie zweihundertzwölf Dollar, denn Sie werden zweihundert Dollar fürs Trocknen zahlen. Hier ist der Strafzettel. Einen schönen Tag noch", sagte der Polizist. Er gab dem Raser einen Strafzettel für Geschwindigkeitsüberschreitung über zweihundert Dollar und seinen Führerschein und ging zurück zum Polizeiauto.

„Frank, du hast viel Erfahrung mit Rasern, nicht wahr?", fragte David den Polizisten.

„Ich habe schon viele kennengelernt", sagte Frank und machte den Motor an. „Zu erst sehen sie wie wütende Tiger oder schlaue Füchse aus. Aber nachdem ich mit ihnen gesprochen habe, sehen sie wie ängstliche Kätzchen oder dumme Affen aus. Wie der im blauen Auto."

In der Zwischenzeit fuhr ein kleines, weißes Auto nicht weit vom Stadtpark langsam die Straße entlang. Das Auto hielt in der Nähe eines Ladens. Ein Mann und eine Frau stiegen aus und gingen zu dem Laden. Er war geschlossen. Der Mann sah sich um. Dann holte er schnell einige Schlüssel hervor und versuchte, die Tür zu öffnen. Schließlich öffnete

openen. Eindelijk opent de deur en gaan ze naar binnen.

"Kijk! Er zijn hier zoveel rokken!" zegt de vrouw. Ze nam een grote zak en begon er alles in te stoppen. Wanneer de zak vol was, bracht ze die naar de auto en kwam terug.

"Neem snel alles! Oh wat een prachtige hoed!" zegt de man. Hij nam een grote zwarte hoed van de winkelvenster en zet die op.

"Kijk naar die rode rok! Ik heb die zo graag!" zegt de vrouw en doet de rode rok snel aan. Ze heeft geen zakken meer. Dus nam ze meer dingen in haar handen, liep naar buiten en legt ze in de auto. Dan liep ze naar binnen om meer dingen te brengen.

De politieauto P07 reed langzaam langs het stadspark wanneer de radio begon te spreken: "Opgepast alle patrouilles. We hebben een inbraakalarm van een winkel aan het stadspark. Het adres van de winkel is 72 Park Street."

"P07 heeft het," zegt Frank in de microoon, "Ik ben heel dicht bij deze plaats. Ik rijd er heen." Ze vonden de winkel heel snel en rijden naar de witte wagen. Dan stappen ze uit de auto en verstoppen zich erachter. De vrouw in de nieuwe rode rok liep uit de winkel. Ze legde enkele rokken op de politieauto en liep terug naar de winkel. De vrouw deed het zo snel. Ze zag niet dat het een politieauto was.

"Verdomme! Ik vergat mijn geweer in het politiestation!" zegt Frank. Robert en David keken naar sergeant Strict en dan verrast naar elkaar. De politieman was zo verward dat David en Robert begrepen dat ze hem moesten helpen. De vrouw liep opnieuw uit de winkel, legt enkele rokken op de politieauto en liep terug. Dan zei David tegen Frank: "We kunnen doen alsof we geweren hebben."

"Laten we het doen," antwoordt Frank, "Maar jullie mogen niet recht staan. De dieven kunnen geweren hebben," zegt hij en roept dan, "Dit is de politie! Iedereen die in de winkel is, steek jullie handen in de lucht en kom langzaam één per één uit de winkel!"

Ze wachten een minuut. Niemand komt naar buiten. Dan heeft Robert een idee.

"Als jullie nu niet naar buiten komen, sturen we de politiehond naar jullie!" roept hij en blaft

er sie, und sie gingen hinein.

„Sieh, so viele Kleider", sagte die Frau. Sie holte eine große Tasche hervor und begann, alles hineinzupacken. Als die Tasche voll war, brachte sie sie zum Auto und kam zurück.

„Nimm schnell alles! Oh! Was für ein schöner Hut!", sagte der Mann. Er nahm einen großen schwarzen Hut aus dem Schaufenster und zog ihn auf.

„Sieh dir dieses rote Kleid an! Das finde ich toll!", sagte die Frau und zog schnell das rote Kleid an. Sie hatte keine Taschen mehr. Deswegen nahm sie mehr Sachen in die Hände, rannte nach draußen und packte sie ins Auto. Dann rannte sie nach drinnen, um noch mehr Dinge zu holen.

Das Polizeiauto P07 fuhr gerade langsam den Stadtpark entlang, als sich der Funk meldete: „Achtung, alle Einheiten. Wir haben einen Einbruchsalarm aus einem Laden in der Nähe des Stadtparks. Die Adresse des Ladens ist Parkstraße 72."

„P07 ist dran", sagte Frank ins Mikro. „Ich bin ganz in der Nähe. Fahre dorthin." Sie hatten den Laden schnell gefunden und fuhren zu dem weißen Auto. Dann stiegen sie aus dem Auto aus und versteckten sich dahinter. Die Frau im roten Kleid kam aus dem Laden gerannt. Sie legte einige Kleider auf das Polizeiauto und rannte zurück in den Laden. Die Frau tat das sehr schnell. Sie sah nicht, dass es ein Polizeiauto war.

„Verdammt! Ich habe meine Waffe auf der Polizeiwache vergessen!", sagte Frank. Robert und David sahen Polizeihauptmeister Strict und dann einander überrascht an. Der Polizist war so verwirrt, dass David und Robert verstanden, dass er Hilfe brauchte. Die Frau rannte wieder aus dem Laden, legte Kleider auf das Polizeiauto und rannte zurück. Dann sagte David zu Frank: „Wir können so tun, als ob wir Waffen haben."

„Lasst uns das machen", antwortete Frank. „Aber ihr steht nicht auf. Die Diebe haben vielleicht Waffen", sagte er und rief dann: „Hier spricht die Polizei! Alle, die im Laden sind, heben ihre Hände und kommen langsam einer nach dem anderen aus raus!"

Sie warteten eine Minute. Niemand kam. Dann hatte Robert eine Idee.

"Wenn ihr nicht rauskommt, hetzen wir den

dan als een grote, kwade hond. De dieven liepen onmiddellijk naar buiten met hun handen omhoog. Frank doet snel hun handboeien om en brengt hen in de politieauto. Dan zegt hij tegen Robert: "Dat was een fantastisch idee om te doen alsof we een hond hebben! Weet je, ik heb mijn geweer al twee keer vergeten. Als ze ontdekken dat ik hem nu een derde keer vergeten ben, kunnen ze me ontslaan of bureauwerk laten doen. Je zal het niemand zeggen, nietwaar?"
"Zeker niet!" zegt Robert.
"Nooit," zegt David.
"Heel erg bedankt om me te helpen, jongens!" Frank schudt hun handen heel hard.

(wordt vervolgd)

*Polizeihund auf euch!"*, rief er und bellte wie ein großer, wütender Hund. Die Diebe kamen sofort mit erhobenen Händen herausgerannt. Frank legte ihnen schnell Handschellen an und brachte sie ins Polizeiauto. Dann sagte er zu Robert: „Das war eine gute Idee, so zu tun, als ob wir einen Hund hätten. Weißt du, ich habe meine Waffe schon zweimal vergessen. Wenn sie herausfinden, dass ich sie zum dritten Mal vergessen habe, feuern sie mich vielleicht oder lassen mich Büroarbeit machen. Ihr erzählt es doch niemandem, oder?"*
*„Natürlich nicht!", sagte Robert.*
*„Nie", sagte David.*
*„Vielen Dank für eure Hilfe, Jungs!" Frank schüttelte ihnen kräftig die Hand.*

*(Fortsetzung folgt)*

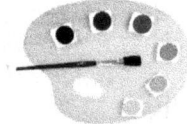

# 28

## De politiepatrouille (deel 2)
*Die Polizeistreife (Teil 2)*

### A

**Woordenschat**

1. antwoordde - geantwortet
2. bellen, rinkelen - klingelte
3. beschermen - beschützen
4. bewusteloos - bewusstlos
5. dief - der Dieb
6. drukken - drücken
7. gedraaid - drehte
8. geheim - heimlich
9. geld - das Bargeld
10. genomen - gebracht
11. geopend - geöffnet
12. gestolen - gestohlen
13. gewoonlijk - gewöhnlich
14. gisteren - gestern
15. glas - das Glas
16. GSM - das Handy
17. iemand - jemand
18. inbraak, overval - der Überfall
19. kassa - die Kasse; kassier - der Kassierer
20. kluis - der Tresor
21. knoop - der Knopf
22. mannen - die Männer
23. met hoogachting - hochachtungsvoll
24. mijn - mein
25. nog - noch
26. ook - auch

27. ricochet - abprallen
28. schot - schoss; angeschossen
29. slim - schlau
30. telefoneren - anrufen
31. telefoon - das Telefon
32. verontschuldigen - sich entschuldigen; Excuseer me. - Entschuldigen Sie.
33. weg - weg
34. wiens - wessen
35. winkelcentrum - das Einkaufszentrum
36. zag - sahen
37. zak - die Tasche
38. zeldzaam - selten

## B

## De politiepatrouille (deel 2)

De volgende dag vergezellen Robert en David Frank opnieuw. Ze stonden dicht bij een groot winkelcentrum wanneer een vrouw naar hen kwam.
"Kan je me helpen aub?" vroeg ze.
"Natuurlijk mevrouw. Wat is er gebeurt?" vroeg Frank.
"Mijn GSM is verdwenen. Ik denk dat hij gestolen is."
"Is hij gebruikt vandaag?" vroeg de politieman.
"Hij is gebruikt vandaag door mij voor ik uit het winkelcentrum vertrok," antwoordde ze.
"Laten we naar binnen gaan," zei Frank. Ze gingen in het winkelcentrum en keken rond. Er waren veel mensen.
"Laten we een oude truc gebruiken," zei Frank zijn eigen telefoon nemend. "Wat is je telefoonnummer?" vroeg hij de vrouw. Ze zei het en hij belde haar telefoonnummer. Een GSM rinkelt niet ver van hen vandaan. Ze gingen naar de plaats waar het rinkelde. Er was een wachtrij. Een man in de wachtrij keek naar de politieman en draaide dan snel zijn hoofd weg. De politieman kwam aandachtig luisterend dichter. De telefoon rinkelde in de zak van de man.
"Excuseer me," zei Frank. De man keek naar hem.
"Excuseer me, je telefoon rinkelt," zei Frank.
"Waar?" zei de man.
"Hier in je zak," zei Frank.
"Nee, het rinkelde niet," zei de man.
"Ja, hoor," zei Frank.
"Het is niet de mijne," zei de man.
"Wiens GSM rinkelt dan in je zak?" vroeg

## Die Polizeistreife (Teil 2)

Am nächsten Tag begleiteten Robert und David Frank wieder. Sie standen neben einem großen Einkaufszentrum, als eine Frau zu ihnen kam.
„Können Sie mir bitte helfen?", fragte sie.
„Natürlich. Was ist passiert?", fragte Frank.
"Mein Handy ist weg. Ich glaube, es wurde gestohlen."
"Haben Sie es heute schon benutzt?", fragte der Polizist.
„Ich habe es benutzt, bevor ich das Einkaufszentrum verlassen habe", antwortete die Frau.

„Lasst uns reingehen", sagte Frank. Sie gingen ins Einkaufszentrum und sahen sich um. Viele Leute waren da.
„Lasst uns einen alten Trick versuchen", sagte Frank und holte sein eigenes Handy hervor. „Wie ist Ihre Nummer?", fragte er die Frau. Sie sagte sie ihm, und er wählte. Nicht weit von ihnen klingelte ein Handy. Sie gingen zu der Stelle, an der es klingelte. Dort war eine Schlange. Ein Mann in der Schlange sah den Polizisten an und schaute dann schnell weg. Der Polizist ging näher hin und horchte aufmerksam. Das Handy klingelte in der Tasche des Mannes.

„Entschuldigen Sie", sagte Frank. Der Mann sah ihn an.
„Entschuldigen Sie, Ihr Handy klingelt", sagte Frank.
„Wo?", sagte der Mann.
„Hier, in ihrer Tasche", sagte Frank.
„Nein, es klingelt nicht", sagte der Mann.
„Doch, es klingelt", sagte Frank.
„Das ist nicht meins", sagte der Mann.
„Wessen Telefon klingelt dann in Ihrer Tasche?",

Frank.
"Ik weet het niet," antwoordde de man.
"Laat me eens kijken aub," zei Frank en nam de telefoon uit de zak van de man.
"Oh, het is de mijne!" roept de vrouw.
"Pak je telefoon, mevrouw," zei Frank het gevend aan haar.
"Mag ik, mijnheer?" vroeg Frank en steekt opnieuw zijn hand in de zak van de man. Hij neemt er nog een andere telefoon uit en dan nog één.
"Zijn deze ook niet van jou?" vroeg Frank de man.
De man schudde zijn hoofd wegkijkend.
"Vreemde telefoons!" roept Frank, "Ze liepen weg van hun eigenaars en springen in de zak van deze man! En nu rinkelen ze in je zakken, nietwaar?"
"Ja, dat doen ze," zei de man.
"Weet je, mijn baan is om mensen te beschermen. En ik zal je beschermen tegen hen. Ga naar mijn auto en ik zal je naar een plaats brengen waar er geen telefoons zijn die in je zakken kunnen springen. We gaan naar het politiebureau," zei de politieagent. Dan nam hij de man bij de arm en nam hem naar de politieauto.
"Ik heb stomme criminelen graag," lachtte Frank Strict nadat ze de dief naar het politiebureau brachten.
"Heb je er slimme ontmoet?" vraagt David.
"Ja, maar zelden," antwoordde de politieman, "Omdat het heel moeilijk is om een slimme crimineel te vangen."

Ondertussen gingen twee mannen binnen bij de Express Bank. Eén van hen neemt plaats in de wachtrij. Een andere ging naar de kassa en gaf de kassier een brief. De kassier nam het papier en leest: "Geachte mijnheer, dit is een overval van de Express Bank. Geef me al het geld. Als je het niet doet, dan zal ik mijn geweer gebruiken. Bedankt.
Met hoogachting,
Bob."
"Ik denk dat ik je kan helpen," zegt de kassier terwijl hij in het geheim op de alarmknop drukt, "Maar het geld is gisteren in de kluis

*fragte Frank.*
*„Ich weiß es nicht", antwortete der Mann.*
*„Zeigen Sie es mir bitte", sagte Frank und holte das Handy aus der Tasche des Mannes.*
*„Oh, das ist meins!", rief die Frau.*
*„Hier, nehmen Sie Ihr Telefon", sagte Frank und gab es ihr.*
*„Darf ich?", fragte Frank und steckte seine Hand wieder in die Tasche des Mannes. Er holte ein anderes Handy hervor und dann noch eins.*

*„Gehören die auch nicht Ihnen?", fragte Frank den Mann.*
*Der Mann schüttelte den Kopf und sah weg.*
*„Was für seltsame Handys!", rief Frank. „Sie sind ihren Besitzern davongelaufen und in die Tasche dieses Mannes gesprungen! Und jetzt klingeln sie in seiner Tasche, oder nicht?"*
*„Ja, das tun sie", sagte der Mann.*
*„Wie Sie wissen, ist es mein Job, Menschen zu beschützen. Und ich werde Sie vor ihnen beschützen. Steigen Sie in mein Auto, und ich bringe Sie an einen Ort, wo kein Telefon in Ihre Tasche springen kann. Wir fahren aufs Revier", sagte der Polizist. Dann nahm er den Mann am Arm und brachte ihn zum Auto.*

*„Ich mag dumme Verbrecher", sagte Frank Strict grinsend, nachdem sie den Dieb aufs Revier gebracht hatten.*
*„Hast du schon schlaue getroffen?", fragte David.*
*„Ja, das habe ich. Aber es passiert selten"; antwortete der Polizist. „Denn es ist sehr schwer, einen schlauen Verbrecher zu fangen."*

*In der Zwischenzeit betraten zwei Männer die Express Bank. Einer von ihnen stellte sich in der Schlange an. Ein anderer ging zur Kasse und gab dem Kassierer einen Zettel. Der Kassierer nahm den Zettel und las.*
*„Sehr geehrter Herr,*
*das ist ein Überfall auf die Express Bank. Geben Sie mir alles Geld. Wenn Sie es nicht tun, werde ich meine Waffe benutzen. Danke.*
*Hochachtungsvoll,*
*Bob"*
*„Ich denke, ich kann Ihnen helfen", sagte der Kassierer, während er heimlich den Alarmknopf*

opgesloten door mij. De safe is nog niet geopend. Ik zal iemand vragen om de kluis te openen en het geld te brengen. Ok?"
"Ok! Maar doe het snel!" antwoordde de overvaller.
"Zal ik een kop koffie maken voor je terwijl het geld in zakken gestopt wordt?" vroeg de kassier.
"Nee, bedankt. Enkel het geld," antwoordde de overvaller.

De radio in politieauto P07 begon te spreken: "Opgepast alle patrouilles. We hebben een overvalalarm van de Express Bank."
"P07 heeft het," antwoordde sergeant Strict. Hij duwt op het gaspedaal en de auto start snel. Wanneer ze aankomen bij de bank zijn er nog geen andere politieauto's.
"We zullen een interessant rapport maken als we naar binnen gaan," zei David.
"Jullie jongens doen wat je moet doen. En ik ga naar binnen via de achterdeur," zei sergeant Strict.
Hij neemt zijn geweer en gaat snel naar de achterdeur van de bank. David en Robert gaan in de bank via de hoofddeur. Ze zagen een man staan bij de kassa. Hij stak één hand in zijn zak en keek rond. De man die met hem meekwam, stapte uit de wachtrij en ging naar hem.
"Waar is het geld?" vroeg hij aan Bob.
"Roger, de kassier zei dat het in zakken wordt gestopt," antwoordde de andere overvaller.
"Ik ben het wachten beu!" zei Roger. Hij nam zijn geweer en hield de kassier onder schot.
"Breng nu al het geld!" riep de overvaller naar de kassier. Dan ging hij naar het midden van de kamer en riep: "Dit is een overval! Niemand beweegt!" Op dit moment bewoog iemand bij de kassa. De overvaller schoot zonder te kijken naar hem. De andere overvaller viel op de vloer en riep: "Roger! Jij idioot! Verdomme! Je hebt me neergeschoten!"
"Oh, Bobby! Ik had niet gezien dat het jij was!" zei Roger. Op dit moment liep de kassier snel weg.
"De kassier is weggelopen en het geld is hier nog niet gebracht!" riep Roger naar Bob, "De politie kan hier elk moment aankomen! Wat

*drückte. „Aber das Geld wurde gestern von mir im Tresor eingeschlossen. Der Tresor wurde noch nicht geöffnet. Ich werde jemanden bitten, den Tresor zu öffnen und das Geld zu bringen. Okay?"*
*„Okay. Aber schnell!", antwortete der Dieb.*
*„Hätten Sie gerne eine Tasse Kaffee, während das Geld in Taschen gepackt wird?", fragte der Kassierer.*
*„Nein, danke. Nur Geld", antwortete der Dieb.*

*Der Funk im Polizeiauto P07 meldete sich: „Achtung, alle Einheiten. Überfallalarm in der Express Bank."*
*„P07 ist dran", antwortete Polizeihauptmeister Strict. Er trat aufs Gas, und das Auto fuhr schnell los. Als sie an der Bank ankamen, war noch kein anderes Polizeiauto da.*
*„Das wird ein interessanter Bericht, wenn wir reingehen", sagte David.*
*„Ihr Jungs macht, was ihr braucht. Ich gehe durch die Hintertür rein", sagte Polizeihauptmeister Strict. Er holte seine Waffe raus und ging schnell zur Hintertür der Bank. David und Robert betraten die Bank durch die Eingangstür. Sie sahen einen Mann in der Nähe der Kasse stehen. Er hatte eine Hand in seiner Tasche und sah sich um. Der Mann, der mit ihm gekommen war, ging aus der Schlange zu ihm.*
*„Wo ist das Geld?", fragte er Bob.*
*„Roger, der Kassierer hat gesagt, dass es in Taschen gepackt wird", antwortete der andere Dieb.*
*„Ich habe es satt, zu warten", sagte Roger. Er holte seine Waffe hervor und richtete sie auf den Kassierer. „Bringen Sie jetzt alles Geld!", schrie er. Dann ging er in die Mitte des Raums und rief: „Das ist ein Überfall! Niemand bewegt sich!" In diesem Moment bewegte sich jemand in der Nähe der Kasse. Der Dieb mit der Waffe schoss auf ihn, ohne hinzuschauen. Der andere Dieb fiel auf den Boden und rief: „Roger! Du Vollidiot! Verdammt! Du hast mich angeschossen!"*
*„Oh, Bobby! Ich habe nicht gesehen, dass du das bist!", sagte Roger. In diesem Moment rannte der Kassierer schnell nach draußen.*
*„Der Kassierer ist weggerannt, und das Geld ist noch nicht hierher gebracht worden!", rief Roger Bob zu. „Die Polizei kann jeden Moment kommen!*

zullen we doen?"
"Neem iets groot, breek het glas en pak het geld. Snel!" riep Bob. Roger nam een metalen stoel en sloeg op het glas van de kassa. Het was natuurlijk geen normaal glas en het brak niet. Maar de stoel ricochet terug en raakt de overvaller op het hoofd! Hij viel bewusteloos op de vloer. Op dit moment liep sergeant Strict naar binnen en doet snel de handboeien om bij de overvallers. Hij draaide naar David en Robert.
"Ik heb het gezegd! De meeste criminelen zijn maar stom!" zei hij.

*Was sollen wir machen?"*
*„Nimm etwas Großes, zerschlag das Glas und nimm das Geld! Schnell!", rief Bob. Roger nahm einen metallenen Stuhl und schlug auf das Glas der Kasse. Natürlich war es kein gewöhnliches Glas und zerbrach nicht. Doch der Stuhl prallte zurück und traf den Dieb am Kopf! Er fiel bewusstlos zu Boden. In diesem Moment kam Polizeihauptmeister Strict hereingerannt und legte den Dieben schnell Handschellen an. Er drehte sich zu David und Robert um.*
*„Hab ich es doch gesagt! Die meisten Verbrecher sind einfach nur dumm!", sagte er.*

# 29

## School voor Buitenlandse Studenten (SBS) en au pair
*Schule für Austauschschüler (SAS) und Au-pair*

### A

**Woordenschat**

1. afgelopen - abgelaufen
2. als, sinds - da, weil
3. bediende - der Bedienstete
4. betaalde - bezahlte, gezahlt
5. betalen - bezahlen, zahlen
6. bezocht - besuchte
7. brief - der Brief
8. competitie - die Ausschreibung, der Wettbewerb
9. cursus - der Kurs
10. datum - das Datum
11. de gastfamilie - die Gastfamilie
12. de Verenigde Staten/ de VS - die Vereinigten Staaten, die USA
13. deelnemer - der Teilnehmer
14. dichtst - nächste
15. dochter - die Tochter
16. dorp - das Dorf
17. éénmaal - einmal
18. e-mail - die E-Mail
19. gastheer - der Gastgeber
20. gezonden - schickte
21. hoop - die Hoffnung
22. kiezen - auswählen, entscheiden für
23. koos - entschied sich für

24. land - das Land
25. leefde - lebte
26. leren - lernen
27. mogelijkheid - die Möglichkeit
28. Noord-Amerika en Eurazië - Nordamerika und Eurasien
29. onrechtvaardig - ungerecht
30. ook - auch
31. oudere - älter
32. overeenkomst - die Vereinbarung
33. persoon - die Person
34. probleem - das Problem
35. roepen - riefen an
36. schreef - schrieb
37. sinds - seit
38. standaard - der Standard, Standard
39. tweemaal - zweimal
40. verandering - die Änderung; veranderen - ändern
41. verenigen - kommen in
42. website - die Website

# B

## School voor Buitenlandse studenten (SBS) en au pair

Roberts zus, broer en ouders leefden in Duitsland. Ze leefden in Hannover. De zus haar naam was Gabi. Ze was twintig jaar oud. Ze had Engels geleerd sinds ze elf jaar was. Sinds Gabi vijftien jaar was, wilde ze deelnemen aan het programma SBS. SBS geeft de mogelijkheid aan sommige hogeschoolstudenten uit Eurazië om een jaar in de VS door te brengen, levend bij een gastfamilie en studerend aan een Amerikaanse school. Het programma is gratis. Vliegtuigtickets, leven met de familie, eten, studeren aan een Amerikaanse school worden betaald door de SFS. Maar tegen dat ze de informatie had over de competitiedatum van de website, was de wedstrijddatum voorbij. Dan leerde ze over het programma voor au pair. Dit programma geeft de deelnemers de mogelijkheid om één of twee jaar door te brengen in een ander land en te leven bij een gastfamilie, zorgen voor kinderen en een taalcursus te volgen. Aangezien Robert studeerde in San Francisco, schreef Gabi hem een e-mail. Ze vroeg hem een gastfamilie te vinden in de VS. Robert keek in enkele kranten en websites met advertenties. Hij vond enkele gastfamilies uit de VS op http://www.aupair-world.net/ en op http://www.placementaupair.com/. Dan bezocht Robert enkele au pair agentschappen in San Francisco. Hij werd geholpen door een vrouw. Haar naam was Alice Sunflower.

## Schule für Austauschschüler (SAS) und Au-pair

*Roberts Schwester, Bruder und Eltern lebten in Deutschland. Sie wohnten in Hannover. Seine Schwester hieß Gabi. Sie war zwanzig Jahre alt. Sie lernte Englisch, seit sie elf war. Als Gabi fünfzehn war, wollte sie an dem Programm SAS teilnehmen. SAS gibt Highschool-Schülern aus Eurasien die Möglichkeit, ein Jahr in den USA zu verbringen, in einer Gastfamilie zu leben und eine amerikanische Schule zu besuchen. Das Programm ist kostenlos. Das Flugticket, die Unterkunft in der Familie, Essen und das Besuchen der amerikanische Schule werden von SAS gezahlt. Aber als sie sich auf der Website über die Ausschreibung informierte, war die Frist schon abgelaufen.*
*Dann erfuhr sie von dem Au-pair-Programm. Dieses Programm ermöglicht es den Teilnehmern, ein oder zwei Jahre in einem anderen Land zu verbringen, bei einer Gastfamilie zu leben, sich um die Kinder zu kümmern und eine Sprachschule zu besuchen. Da Robert gerade in San Francisco studierte, schrieb Gabi ihm eine E-Mail. Sie bat ihn darum, eine Gastfamilie für sie in den USA zu finden. Robert sah Zeitungen und Websites mit Anzeigen durch. Er fand amerikanische Gastfamilien auf http://www.aupair-world.net/ und auf http://www.placementaupair.com/. Dann ging Robert zu einer Au-pair-Vermittlung in San Francisco. Er wurde von einer Frau beraten. Sie hieß Alice Sunflower.*

"Mijn zus komt uit Duitsland. Ze zou graag een au pair worden bij een Amerikaanse familie. Kan je me hiermee helpen?" vroeg Robert aan Alice.

"Ik wil je graag helpen. We plaatsen au pairs bij families over de hele VS. Een au pair is een persoon die toetreedt tot het gastgezin om te helpen in het huishouden en zorgt voor de kinderen. De gastfamilie geeft de au pair eten, een kamer en zakgeld. Het zakgeld kan van 200 tot 600 dollar gaan. Het gastgezin moet ook betalen voor de taalcursus van de au pair," zei Alice.

"Zijn er goede en slechte families?" vroeg Robert.

"Er zijn twee problemen met het kiezen van een familie. Ten eerste denken sommige families dat een au pair een bediende is die alles moet doen in huis inclusief koken voor de hele familie, schoonmaken, wassen, in de tuin werken etc. Maar een au pair is geen bediende. Een au pair is zoals een oudere zus of zoon van de familie die de ouders helpt met de jongere kinderen. Om hun rechten te beschermen, moeten au pairs een akkoord uitwerken met de gastfamilie. Geloof geen au pair agentschappen of gastfamilies die zeggen dat ze met een standaardakkoord werken. Er is geen standaardakkoord. De au pair kan veranderingen aanbrengen aan het akkoord als het onrechtvaardig is. Alles wat een au pair en gastfamilie zullen doen, moet opgeschreven worden in het akkoord. Het tweede probleem is dit: Sommige families leven in kleine dorpen waar er geen taalcursussen zijn en slechts enkele plaatsen waar een au pair naar toe kan gaan in haar vrije tijd. In deze omstandigheden is het noodzakelijk dat het akkoord inhoudt dat de gastfamilie moet betalen voor twee tickets heen en terug naar het dichtsbijzijnde dorp wanneer de au pair daarheen gaat. Het kan éénmaal of tweemaal per week zijn."

"Ik begrijp het. Mijn zus zou graag een familie hebben in San Francisco. Kunnen jullie een goede familie vinden in deze stad?" vroeg Robert.

"Wel, er zijn nu ongeveer twintig families uit San Francisco," antwoordde Alice. Ze telefoneert enkele. De gastfamilies zijn blij om

„Meine Schwester ist aus Deutschland. Sie würde gerne als Au-pair bei einer amerikanischen Familie arbeiten. Können Sie mir helfen?", fragte Robert Alice.

„Natürlich, sehr gerne. Wir vermitteln Au-pairs an Familien überall in der USA. Ein Au-pair kommt in eine Gastfamilie, um im Haus zu helfen und sich um die Kinder zu kümmern. Die Gastfamilie gibt dem Au-pair Essen, ein Zimmer und Taschengeld. Das Taschengeld liegt zwischen zweihundert und sechshundert Dollar. Die Gastfamilie muss auch einen Sprachkurs für das Au-pair bezahlen", sagte Alice.

„Gibt es gute und schlechte Familien?", fragte Robert.

„Es gibt zwei Probleme bei der Wahl einer Familie. Zum einen denken manche Familien, dass ein Au-pair ein Bediensteter sei, der alles im Haus machen muss, einschließlich für die ganze Familie kochen, putzen, waschen, Gartenarbeit usw. Aber ein Au-pair ist kein Bediensteter. Ein Au-pair ist wie eine ältere Tochter oder ein älterer Sohn der Familie, der den Eltern mit den jüngeren Kindern hilft. Um ihre Rechte zu schützen, müssen die Au-pairs eine Vereinbarung mit der Gastfamilie ausarbeiten. Glaub bloß nicht, wenn Au-pair-Vermittlungen oder Gastfamilien sagen, dass sie eine Standardvereinbarung verwenden. Es gibt keine Standardvereinbarung. Das Au-pair kann jeden Teil der Vereinbarung ändern, wenn sie ungerecht ist. Alles, was ein Au-pair und die Gastfamilie machen, muss schriftlich in der Vereinbarung festgehalten werden.

Das zweite Problem ist: Manche Familien leben in kleinen Dörfern, in denen es keine Sprachkurse und wenige Orte gibt, wo das Au-pair in seiner Freizeit hingehen kann. In diesem Fall muss die Vereinbarung enthalten, dass die Gastfamilie für Hin- und Rückfahrkarten in die nächste größere Stadt zahlen muss, wenn das Au-pair dorthin fährt. Das kann ein- oder zweimal die Woche sein."

„Alles klar. Meine Schwester hätte gerne eine Familie aus San Francisco. Können Sie eine gute Familie in dieser Stadt finden?", fragte Robert.

„Na ja, im Moment haben wir etwa zwanzig Familien aus San Francisco", antwortete Alice. Sie rief ein paar von ihnen an. Die Gastfamilien waren froh, ein Au-pair-Mädchen aus Deutschland zu

een au pair te hebben uit Duitsland. De meeste families willen een brief met een foto krijgen van Gabi. Sommigen willen haar ook bellen om zeker te zijn dat ze een beetje Engels kan spreken. Dus Robert geeft hen haar telefoonnummer. Sommige gastfamilies belden Gabi. Dan schreef ze hen een brief. Ten slotte koos ze een geschikte familie en met de hulp van Alice werkten ze een overeenkomst uit met hen. De familie betaalde voor het ticket van Duitsland naar de VS. Tenslotte startte Gabi in de VS vol hoop en dromen.

*bekommen. Die meisten Familien wollten einen Brief mit einem Foto von Gabi. Manche wollten sie auch anrufen, um sicherzugehen, dass sie ein bisschen Englisch sprach. Also gab Robert ihnen ihre Telefonnummer.*

*Ein paar Gastfamilien riefen Gabi an. Dann schickte sie ihnen Briefe. Schließlich entschied sie sich für eine passende Familie und arbeitete mit Alices Hilfe eine Vereinbarung mit ihnen aus. Die Familie bezahlte das Ticket von Deutschland in die USA. Schließlich fuhr Gabi voller Hoffnungen und Träume in die USA.*

\* \* \*

# Wörterbuch Niederländisch-Deutsch

aanbevelen - empfehlen
aanbeveling - die Empfehlung
aanbevolen - empfohlen
aanbiedingen - das Inserat
aandacht - die Aufmerksamkeit
aandacht besteden - achten auf
aandachtig luisteren - genau zuhören
aandoen - anmachen, sich anziehen
aangekomen - angekommen
aankomen - ankommen
aankomst - das Ende; aankomen - beenden
aanleren - beibringen
aap - der Affe
aarde - die Erde
acht - acht
achter - hinter
achtervolging - die Verfolgung
achtste - achter
adres - die Adresse
advertentie - die Anzeige, die Werbung
afgelopen - abgelaufen
agentschap - die Agentur
airshow - die Flugschau
akkoord gaan - einverstanden sein
al - schon
alarm - der Alarm
alhoewel - obwohl, trotzdem
allemaal - alle
alles - alles
als - da, wie
als, sinds - da, weil
alstublieft, alsjeblieft, aub - bitte
altijd - immer
Amerikaans - Amerikaner
andere - andere, andere, andere
anders - anders, sonst
antwoordapparaat - der Anrufbeantworter
antwoordde - geantwortet
antwoorden - antworten, erwidern; antwoord - die Antwort
apotheek - die Apotheke
arbeider - der Arbeiter
arm - arm, der Arm
artiest - der Künstler
aspirine - das Aspirin
asterisk - das Sternchen

auto - das Auto
avond - der Abend
avontuur - das Abenteuer
baan - die Arbeit; uitzendbureau - die Arbeitsvermittlung
badkamer - das Bad, das Badezimmer; bad - die Badewanne
badkamertafel - der Badezimmertisch
bang - ängstlich
bank - die Bank
bed - das Bett
bedanken - danken; bedankt - danke
bedden - die Betten
bediende - der Bedienstete
bedienen - bedienen
been - das Bein
begeleiden - begleiten, begleitet
beginnen - anfangen, begann, begonnen
begreep - verstanden
begrijpen - verstehen
bekijken - schauen, betrachten
bekomen - bekommen
bekwaamheid - die Fähigkeit
bel - das Klingeln; bellen, rinkelen - klingeln
belangrijk - wichtig
bellen - anrufen
beroep - der Beruf
beschermen - beschützen
betaalde - bezahlte, gezahlt
betalen - bezahlen, zahlen
beter - besser
bevel - befehlen
bevriezen - erstarren
bevrijden - freisetzen
bewoog - bewegte sich
bewusteloos - bewusstlos
bezocht - besuchte
bieptoon - der Piepton
bij - am, beim
bijten - beißen
bijvoorbeeld - zum Beispiel
binnen - in
blad - das Blatt
blaffen - bellte
blauw - blau
bleek - blass

blijven - bleiben
bloem - die Blume
boek - das Buch
boekenkast - das Bücherregal
boer - der Bauer
boerderij - der Bauernhof
bord - der Teller
boter - die Butter
boven, over - über
brengen - bringen
brief - der Brief
broek - die Hose
broer - der Bruder
brood - das Brot
broodje - das Sandwich
brug - die Brücke
buiten - draußen
buiten gebruik - außer Betrieb
buitenaards, alien - der Außerirdische
bus - der Bus; de bus nemen - mit dem Bus fahren
buur - der Nachbar
cadeau - die Begabung
café - das Café
Canada - Kanada
Canadees - Kanadier
CD - die CD
CD-speler - der CD Spieler
centrum - das Zentrum; stadscentrum - das Stadtzentrum
ceremonie - die Feier
chauffeur - der Fahrer
chemicaliën - die Chemikalien
chemie - die Chemie
chemisch - chemisch
club - der Verein
collega - der Kollege
competitie - die Ausschreibung, der Wettbewerb
computer - der Computer
constant - beständig
consultancy - die Beratung
consultant - der Berater
consulteren - beraten
controle - die Kontrolle
controleren - kontrollieren
co-ordinatie - die Koordination
correct - richtig; corrigeren - korrigieren

creatief - kreativ
crimineel - der Verbrecher
cursus - der Kurs
daar, er - dort, dorthin
dag - der Tag; dagelijks - täglich, jeden Tag
dag, bye - tschüss
dak - das Dach
dan - als; George is ouder dan Linda - George ist älter als Linda; dann
dansen - tanzen
dansend - tanzend
dat - dass; Ik weet dat dit book interessant is. - Ich weiß, dass dieses Buch interessant ist.
dat, die - jener, jene, jenes
datum - das Datum
Davids boek - Davids Buch
de gastfamilie - die Gastfamilie
de Verenigde Staten/ de VS - die Vereinigten Staaten, die USA
deed - tat
deel - der Teil
deelnemen - teilnehmen
deelnemer - der Teilnehmer
denken - denken
denkwerk - die Kopfarbeit
derde - dritter
dertig - dreißig
design - das Design
deur - die Tür
deze dingen - diese Dinge
deze, die - diese, jene (pl.)
dicht - schließen
dichtbij - in der Nähe, nahe
dichter - näher
dichtst - nächste
dief - der Dieb
dier - das Tier
dierenarts - der Tierarzt
dierentuin - der Zoo
dieven - die Diebe
ding - das Ding, die Sache
dit, deze - dieser, diese, dieses; dit boek - dieses Buch
dochter - die Tochter
dodelijk - tödlich
doen - machen
doen alsof - vorgeben; so tun, als ob
dokter - der Arzt

dom - dumm
donker - dunkel
door - hindurch
doos - die Kiste
dorp - das Dorf
draaien - drehen
drie - drei
drijven - treiben
drinken - trinken
dromen - träumen
droog - trocken; drogen - trocknen
droom - der Traum
drukken - drücken
duidelijk - gut, alles klar
Duits - der Deutsche, die Deutsche
duizend - tausend
duren - dauern; De film duurt langer dan drie uur. - Der Film dauert mehr als 3 Stunden.
duwen - stoßen, ziehen
DVD - die DVD
echt - wirklich
één - ein
één per één - einer nach dem anderen
een andere - ein anderer, eine andere, ein anderes
een jaar geleden - vor einem Jahr
een paar - ein paar
één van jullie - einer von euch
éénentwintig - einundzwanzig
éénmaal - einmal
éénvoudig - einfach
eerst - erst
eigen - eigener, eigene, eigenes
eigenaar - der Besitzer
elektrisch - elektrisch
elf - elf
elkaar kennen - sich kennen
elke - jeder, jede, jedes
e-mail - die E-Mail
emmer - der Eimer
en - und
energie - die Energie
enkel - nur
enkele - einige, irgendwelche
ernstig - ernst
ervaring - die Erfahrung
etc. - usw.
eten - essen

familie - die Familie
favoriete - Lieblings
favoriete film - der Lieblingsfilm
fiets - das Fahrrad
film - der Film
financiën - die Finanzwissenschaft
firma - die Firma
firmas - die Firmen
formulier - das Formular
fornuis - der Herd
foto - das Foto
fotograferen - fotografieren; fotograaf - der Fotograf
fout, verkeerd - falsch
gaan - gehen; Ik ga naar de bank. - Ich gehe zur Bank.
gas - das Gas
gast - der Gast
gastheer - der Gastgeber
gebeuren - passieren
gebeurt - passiert
gebruiken - benutzen
gedanst - getanzt *(part.)*
gedood - tötete, getötet *(part.)*
gedraaid - drehte
geel - gelb
gehaast - raste
geheim - das Geheimnis, heimlich
gekleed - angezogen
geld - das Bargeld, das Geld
geleden - vor
geloven - glauben; zijn ogen niet geloven - seinen Augen nicht trauen
geluk - das Glück
gelukkig - froh, glücklich
genezen, behandelen - gesund pflegen
genezing, behandeling - die Genesung, Rehabilitation
genieten - Spaß haben, genießen
genomen - gebracht
geopend - geöffnet, öffnete
geschat - ausgewertet
geslacht - das Geschlecht
gesloten - geschlossen
gestolen - gestohlen
gestopt - beendete
geven - gab, geben
gevoel - das Gefühl

gevonden - gefunden
gevraagd - gefragt
gevuld - ausgestopft; gevulde parachute, valsschermspringerspop - die Fallschirmspringerpuppe
geweer - die Waffe
gewerkt - gearbeitet
gewild - wollte
gewoonlijk - gewöhnlich
gezicht - das Gesicht
gezonden - schickte
gezondheid - die Gesundheit
gieten - schütten, gießen
gisteren - gestern
glas - das Glas
goed - gut
golf - die Welle
gordel - der Sicherheitsgurt
graag hebben, houden van - mögen, lieben
grappig - lustig
grijs - grau, grauhaarig
groen - grün
groot / groter / grootst - groß / größer / am größten
groter - größer
GSM - das Handy
haar - das Haar; ihr; haar boek - ihr Buch
had - hatte, gehabt
half - halb
half negen - um halb neun
hallo - hallo
handboeien - die Handschellen
handenarbeid - die Handarbeit
handset - der Telefonhörer
haten - hassen
hebben - haben; hij/zij heeft - er/sie/es hat; Hij heeft een boek. Er hat ein Buch.
heel - sehr
helper - der Helfer
hem - ihm
herinnerde - erinnerte sich
het - es
hetzelfde - der/die/das Gleiche
Hey! - Hey!
hield van - liebte, geliebt
hier - hier (Ort), hierher (Richtung)
hier is - hier ist
hij - er

hoe - wie
hoed - der Hut
hond - der Hund
honderd - hundert
honger - hungrig, Ik heb honger - Ich habe Hunger.
hoofd, centraal - der Kopf, Haupt, zentral
hoog - hoch
hoop - die Hoffnung
hoorde - hörte, gehört
horloge - die Uhr
hotel - das Hotel
hotels - die Hotels
huilen - weinen, schreien, rufen
huis - das Haus; das Zuhause; naar huis gaan - nach Hause gehen
huisdier - das Haustier
huiswerk - die Hausaufgaben
hulp - die Hilfe; helpen - helfen
hun - ihr
idee - die Idee
iedereen - alle
iemand - jemand
iets - etwas, nichts
ijs - das Eis
ik - ich
in - in
in de plaats - stattdessen
in plaats van - anstelle von; in plaats van jou - an deiner Stelle
inbraak, overval - der Überfall
individueel - einzeln
informatie - die Information, die Angabe
informeert - informierte, mitgeteilt
informeren - informieren, mitteilen
ingenieur - der Ingenieur
inschakelen - machte an
interessant - interessant
ja - ja
jaar - das Jahr
jankend - heulend
jas - die Jacke
je, jij - du/ihr
jij, je - du
jong - jung
jongen - der Junge
journalist - der Journalist
jouw - dein

juffrouw - Fräulein
kaart - die Karte
kabel - das Kabel
kamer - das Zimmer
kamers - die Zimmer
kangoeroe - das Känguru
kans - die Chance
kantoor - das Büro
kapitein - der Kapitän
kassa - die Kasse; kassier - der Kassierer
kat - das Kätzchen, die Katze
keek - sah, schaute, geschaut
ketel - der Kessel
keuken - die Küche
kiezen - auswählen, entscheiden für, wählen, aussuchen
kijken - sehen
kilometer - der Kilometer
kind - das Kind
kinderen - die Kinder
klaar - fertig
klant - der Kunde
klas - die Klasse
klaslokaal - das Klassenzimmer
kleding - die Kleidung
klein - klein
kleuterschool - der Kindergarten
kluis - der Tresor
knoop - der Knopf
koffie - der Kaffee
koffiemachine - die Kaffeemaschine
koken - kochend
komen - kam, gekommen
komen / gaan - kommen / gehen
kon - könnte, kann
koos - entschied sich für
kopen - kaufen
kort - kurz
kosten - kosten
koud - kalt
koude - die Kälte
kraan - der Wasserhahn
krant - die Zeitung
krijgen - (etwas) erhalten
kristal - das Kristall
kruik - der Krug
kunnen - können; Ik kan lezen. - Ich kann lesen.
kunst - die Kunst
kussen - küssen
kust - die Küste
kwaad - wütend
laat ons - lass uns
lach - das Lächeln
lachen - lächeln, lachen
lachte - lächelte, gelächelt
laden - beladen, laden; lader - der Verlader
land - das Land
landen - landen
lang - lang
langs - entlang
laser - der Laser
lastig vallen - ärgern
laten - lassen
leefde - lebte
leeftijd - das Alter
leeg - leer
leeuw - der Löwe
leider - der Führer
lekker - lecker
leraar - der Lehrer
leren - lernen
leren kennen - getroffen, kennengelernt
leren over - kennengelernt
les - die Aufgabe, Lektion
lessenaar - der Schreibtisch
leuk vinden - gefallen; ik vind dat leuk - Das gefällt mir.
leven - das Leben, leben, wohnen
levensreddende truc - der Rettungstrick
lezen - lesen, lesend
lichtelijk - leicht
lid - das Mitglied
lief hebben - lieben
liefde - die Liebe
lieve, geachte - lieber, liebe
lift - der Aufzug
lijst - die Liste
limiet - die Begrenzung
links - links
lopen - führen
lossen - abladen
lucht - die Luft
luidop - laut
luisteren – hören; Ik luister naar muziek - Ich höre Musik.

maandag - Montag
maar - aber
machine - die Maschine
magazine - die Zeitschrift
maken - machen
mama, moeder - Mama, die Mutter
man - der Mann
mannelijk - männlich
mannen - die Männer
matras - die Matratze
medisch - medizinisch
meer - mehr, der See
meisje - das Mädchen
menselijk - der Mensch
mensen - die Menschen
met - mit
met de fiets rijden - Fahrrad fahren, mit dem Fahrrad fahren
met hoogachting - hochachtungsvoll
metaal - das Metall
meter - der Meter
methode - die Methode
meubilair, meubels - die Möbel
microfoon - das Mikrofon
mij - mich
mijn - mein, meine, mein
Mijnheer, Mr. - Herr, Hr.
Miljard - Billionen
minder - weniger
minuut - die Minute
moe - müde
moeder - die Mutter
moedertaal - die Muttersprache
moeilijk - schwer
moeten - müssen; Ik moet gaan. - Ich muss gehen.
mogelijk - möglich
mogelijkheid - die Möglichkeit
mogen, kunnen - dürfen, können
mok - die Tasse
moment - der Moment
monotoon - monoton
mooi - schön, wunderschön
moordenaar - der Mörder
morgen - morgen
motor - der Motor
mug - die Stechmücke
muziek - die Musik

na - nach
naam - der Name; nennen
naar beneden - nach unten
nacht - die Nacht
nadien - danach
nat - nass
nationaliteit - die Nationalität
natuur - die Natur
natuurlijk - natürlich
nee- nein
neerzitten - sich hinsetzen
negen - neun
negende - neunter
nemen - nahm, nehmen
neus - die Nase
niemand - niemand
niet - nicht
niet mogen - nicht dürfen
niets - nichts
nieuw - neu
nodig hebben - brauchen
nog - noch, weiterhin
nog één - noch einen
nooit - nie
Noord-Amerika en Eurazië - Nordamerika und Eurasien
normaal - normal, normalerweise
notitie - die Notiz
notitieboek - das Notizbuch
notitieboeken - die Notizbücher
nu, meteen - jetzt, zurzeit, gerade
nummer - die Nummer
ochtend - der Morgen
of - ob
ogen - die Augen
Oh! - Oh!
okay, goed - okay, gut
olie - das Öl
om één uur - um eins
omdat - weil
omgeving, nabijgelegen - die Nähe
onder - unter
onderstrepen - unterstreichen
ondertussen - in der Zwischenzeit
ongeval - der Unfall
ongeveer - etwa
onmiddellijk - sofort
onrechtvaardig - ungerecht

ons, onze - uns, unser
ontbijt - das Frühstück
ontbijten - frühstücken
ontmoeten - treffen, kennenlernen
ontwerp - der Entwurf, der Text
ontwerpen - entwerfen, verfassen
ontwikkelen - entwickeln
oog - das Auge
ook - auch
oor - das Ohr
oorlog - der Krieg
op - auf
opeens - plötzlich
openen - öffnen
opleiding - die Ausbildung
oplossing - die Lösung
opnemen - aufnehmen
opnieuw - wieder
opstaan - aufstehen; Sta op! - Steh auf!
opvullen - füllen
opwarmen - aufwärmen
ouder - die Eltern
oudere - älter
over - über
overeenkomst - die Vereinbarung
overigens - übrigens
overval, inbraak - der Diebstahl
paniek - die Panik; panikeren - in Panik versetzen
papier - das Papier
parachute - der Fallschirm
parachutist - der Fallschirmspringer
park - der Park
parken - die Parks
passend - passend
patrouille - die Patrouille, die Streife
pauze - die Pause
pen - der Stift
pennen - die Stifte
per uur - pro Stunde
personeelsafdeling - die Personalabteilung
persoon - die Person
persoonlijk - persönlich
pil - die Tablette
piloot - der Pilot
plaats - legen, der Platz
plan - der Plan
planeet - der Planet

plannen - planen
plein - der Platz
poes - die Miezekatze
Polen - Polen
politie - die Polizei
politieagent - der Polizist
pop - die Puppe
positie - die Position
prachtig - wunderbar
prijs - der Preis
probeerde - versuchte
proberen - versuchen
probleem - das Problem
produceren - herstellen
programma - das Programm
programmeur - der Programmierer
publiceren - der Verlag
publiek - das Publikum
puppy - der Welpe
raadsel - das Rätsel
radar - der Radar
radio - das Radio
rapporteren - berichten
rat - die Ratte
rechts - rechts
redden - retten
reddingsdienst - der Rettungsdienst
reden - der Grund
regel - die Regel
regen - der Regen
reizen - reisen
rem - die Bremse
remmen - bremsen
rennen, lopen - rennen, joggen, laufen
reporter - der Reporter
ricochet - abprallen
rij - die Schlange
rijbewijs - der Führerschein
rijden - fahren, fuhr
roepen - riefen an
rollen - schaukeln
rond - rund
rondkijken - sich umsehen
rood - rot
rubber - der Gummi
rubriek - die Rubrik
ruimte - das Weltall
ruimteschip - das Raumschiff

samen - zusammen
sandwich - das Butterbrot
schatten - beurteilen
schip - das Schiff
school - die Schule
schoon - sauber
schoongemaakt - gesäubert
schoonmaken - sauber machen, putzen
schot - schoss; angeschossen
schreef - schrieb
schrijven - schreiben
schrijver - der Schriftsteller
schudde - wackelte
schudden - zittern
secretaresse - die Sekretärin
seizoen - die (Jahres)zeit
sergeant - der Polizeihauptmeister
serie - die Serie
simpel - einfach
sinds - seit
single - ledig
sirene - die Sirene
situatie - die Situation
slaan - schlagen
slaapzaal, studentenwoning - das Studentenwohnheim
slagen voor een test - eine Prüfung bestehen
slapen - schlafen
slecht - schlecht
sleutel - der Schlüssel
slikken - (hinunter)schlucken
slim - intelligent, schlau
sluw - schlau
snack - der Imbiss
snel - schnell
snelheid - die Geschwindigkeit; te snel rijden - rasen
snelheidsovertreder - der Raser
solliciteren - sich bewerben
soms - manchmal, ab und zu
soort - die Art
Spaans - spanisch
spaniel - der Spaniel
speciaal - vor allem
speech - die Rede
speelgoed - das Spielzeug
spelen - spielen

spijt hebben - leid tun; Het spijt me - Es tut mir leid.
spoedig - bald
sport - der Sport; sportwinkel - das Sportgeschäft
sportfiets - das Sportfahrrad
spreiden - übergreifen
spreken - sich unterhalten, sprechen
springen - springen
staan - stehen
staart - der Schwanz
staat - der Stand; burgerlijke staat - der Familienstand
stad - die Stadt
standaard - der Standard, Standard
stap - der Schritt; stappen - treten
stappen - treten
stapte - trat
starten - anfangen, fuhr los
steen - der Stein
stelen - stehlen
stem - die Stimme
ster - der Stern
sterk - stark
sterkte - die Stärke
sterven - sterben
stierf - starb
stil - leise
stinkend - stinkend
stoel - der Stuhl
stoppen - anhalten
straat - die Straße
straten - die Straßen
stroom - der Strom
student - der Student
studenten - die Studenten
studentenhuis - das Studentenwohnheim
studeren - studieren
sturen - lenken
super, tof - super, toll
supermarkt - der Supermarkt
taak - die Aufgabe
taal - die Sprache
tafel - der Tisch
tafels - die Tische
tanker - der Tanker
taxi - das Taxi
taxichauffeur - der Taxifahrer

te voet - zu Fuß
team - die Mannschaft
tegelijkertijd - gleichzeitig
tegen - gegen
tekst - der Text
telefoneren - anrufen, rufen; callcenter - das Callcenter
telefoon - das Telefon; telefoneren - telefonieren
televisie - der Fernseher
tenminste - wenigstens
terug - zurück
terwijl - während, da, weil
test - die Prüfung
testen - prüfen
thee - der Tee
ticket - die Fahrkarte
tien - zehn
tiende - zehnter
tijd - die Zeit
tijger - der Tiger
toekomst - zukünftig
toetsenbord - die Tastatur
tof - der Spaß
toilet - die Toilette
tonen - zeigen
toonde - zeigte
tot - bis
tot ziens - Auf Wiedersehen
traag - langsam
trainen - trainieren; getraind - trainiert
transport - der Transport
trappen - die Treppe
trein - der Zug
treinstation - der Bahnhof
trekken - ziehen
treurig - traurig
truc - der Trick
truck - der Lastwagen
tuin - der Garten, der Hof
tussen - zwischen
twaalf - zwölf
twee - zwei
tweede - zweiter
tweede naam - der zweite Name
tweemaal - zweimal
twintig - zwanzig
uitdoen - ausmachen

uiteindelijk - schließlich
uitgeven - ausgeben, verwenden
uitgever - der Herausgeber
uitleggen - erklären
uitstappen - aussteigen
universiteit - die Universität, die Uni
uur - die Stunde; Uhr; Het is twee uur - Es ist zwei Uhr.; per uur - stündlich
vaak - oft
vader - der Vater, Papa
vakboeken - das Fachbuch
val - der Fall
vallen - abgestürzt, fallen
vallend - fallend
van, uit - aus; uit de VS - aus den USA
vandaag - heute
vangen - fangen
vastmaken - anschnallen
veel, vele - viel, viele; veel werk hebben - viel zu tun haben
veelzijdig - vielseitig, alles könnend
veld - das Feld
venster - das Fenster
vensters - die Fenster
ver - weit
verandering - die Änderung; veranderen - ändern
verder - weiter
verder kijken - weiter schauen
verdienen - verdienen; Ik verdien 10 dollar per uur. - Ich verdiene zehn Dollar pro Stunde.
verdomme - verdammt
verenigen - kommen in
vergeten - vergessen
verhaal - die Geschichte
verkopen - verkaufen
verkoper, verkoopster - der Verkäufer, die Verkäuferin
verlaten - verlassen
verleden - vorbei
verliezen - verlieren
vernietigen - zerstören
verontschuldigen - sich entschuldigen; Excuseer me. - Entschuldigen Sie.
verrassen - überraschen
verrassing - die Überraschung
verrast - überrascht, verwundert
verschillend - verschieden

verstoppen - sich verstecken
verstopper - das Versteckspiel
verstopt - versteckte
vertaler - der Übersetzer
verward - verwirrt
videocassette - die Videokassette
videotheek - die Videothek
viel - fiel
vier - vier
vierde - vierter
vierenveertig - vierundvierzig
vijf - fünf
vijfde - fünfter
vijfentwintig - fünfundzwanzig
vijftien - fünfzehn
vinden - finden
vliegtuig - das Flugzeug
vloeien - der Fluss
vloeiend - fließend
vloer - der Boden
vloog weg - flog weg
voederen - füttern
voedsel - das Essen
voet - der Fuß
vogel - der Vogel
vol - voll
voor - für, vor
voorbeeld - das Beispiel
voorbereiden - vorbereiten
voorste - vorn
voortduren - fortführen
voorwielen - die Vorderräder
voorzichtig - sorgfältig, vorsichtig
vragen - bitten, fragen
vragenlijst - der Fragebogen
vreemd - fremd
vriend - der Freund
vriendelijk - freundlich
vriendin - die Freundin
vrij - frei, ziemlich
vrije tijd - die Freizeit, freie Zeit
vrouw - die Frau
vrouwelijk - weiblich
VS - USA
vuil - dreckig
vuur - das Feuer, feuern
waar - wo
wachte - wartete

wachten - warten
walvis - der Wal, orka - der Schwertwal
wandelen - gehen, laufen
wanneer - wenn
waren - waren
warm - warm
was - war
wasmachine - die Waschmaschine
wassen - waschen, putzen
wat, welke - was, welcher/welche/welches;
Wat is dat? - Was ist das? Welke tafel? -
Welcher Tisch? Wat is er aan de hand? - Was
ist los?
water - das Wasser
website - die Website
week - die Woche
weer - das Wetter
wees aan - richtete
weg - der Weg, weg
weg gaan - verlassen
weggaan - weggehen
weglopen - weglaufen
weigeren - ablehnen
weinig - wenig; een paar - ein paar
welke - der, die, das *(konj.)*
wenen - gerufen
wereld - die Welt
werkelijk - wirklich
werkend - arbeitend
werkgever - der Arbeitgeber
weten - kennen, wissen
wie - wer
wiel - das Rad
wiens - wessen
wij - wir
wijd - weit
willen - werden, wollen
wind - der Wind
winkel - der Laden
winkelcentrum - das Einkaufszentrum
winkels - die Läden
wist - wusste
wit - weiß
woedend - wütend
woonkamer - wohnhaft
woord - das Wort, die Vokabel
woorden - die Wörter, die Vokabeln
wordt vervolgd - Fortsetzung folgt

wrijven - reiben
zaad - das Saatgut
zag - sahen
zak - die Tasche
zand - der Sand
zaterdag - der Samstag
zebra - das Zebra
zee - das Meer
zeggen - sagen
zei - sagte
zeker - klar, sicher
zeldzaam - selten
zes - sechs
zesde - sechster
zestig - sechzig
zetel - der Sitz; gaan zitten - sich hinsetzen
zeven - sieben
zevende - siebter
zeventien - siebzehn

zich schamen - sich schämen; hij schaamt zich - er schämt sich
zien - sehen
zij - sie
zijn - sein, seine; zijn bed - sein Bett
zin - der Satz
zingen - singen; zanger - der Sänger
zitten - setzen
zo - deswegen
zo vaak als mogelijk - so oft wie möglich
zonder - ohne
zonder een woord, zonder te spreken - wortlos
zoon - der Sohn
zorg - sich kümmern um
zorgen - sich Sorgen machen; Maak je geen zorgen! - Mach dir keinen Kopf!
zus - die Schwester
zwart - schwarz
zwemmen - schwimmen

# Wörterbuch Deutsch-Niederländisch

Abend, der - avond
Abenteuer, das - avontuur
aber - maar
abgelaufen - afgelopen
abgestürzt, fallen - vallen
abladen - lossen
ablehnen - weigeren
abprallen - ricochet
acht - acht
achten auf - aandacht besteden
achter - achtste
Adresse, die - adres
Affe, der - aap
Agentur, die - agentschap
Alarm, der - alarm
alle - allemaal, iedereen
alles - alles
als - dan; George ist älter als Linda - George is ouder dan Linda.
älter - oudere
Alter, das - leeftijd
am, beim - bij
Amerikaner - Amerikaans
andere, andere, andere - andere
anders, sonst - anders
Änderung, die - verandering; ändern - veranderen
anfangen, begann, begonnen - beginnen
angekommen - aangekomen
angezogen - gekleed
ängstlich - bang
anhalten - stoppen
ankommen - aankomen
anmachen, sich anziehen - aandoen
Anrufbeantworter, der - antwoordapparaat
anrufen - bellen
anrufen, rufen - telefoneren; das Callcenter - callcenter
anschnallen - vastmaken
anstelle von - in plaats van; an deiner Stelle - in plaats van jou
antworten, erwidern - antwoorden; die Antwort - antwoord
Anzeige, die, Werbung, die - advertentie
Apotheke, die - apotheek
Arbeit, die - baan; die Arbeitsvermittlung - uitzendbureau
arbeitend - werkend
Arbeiter, der - arbeider
Arbeitgeber, der - werkgever
ärgern - lastig vallen
arm, der Arm - arm
Art, die - soort
Arzt, der - dokter
Aspirin, das - aspirine
auch - ook
auf - op
Auf Wiedersehen - tot ziens
Aufgabe, die - taak
Aufmerksamkeit, die - aandacht
aufnehmen - opnemen
aufstehen - opstaan; Steh auf! - Sta op!
aufwärmen - opwarmen
Aufzug, der - lift
Auge, das - oog
Augen, die - ogen
aus - van, uit; aus den USA - uit de VS
Ausbildung, die - opleiding
ausgeben, verwenden - uitgeven
ausgestopft - gevuld; die Fallschirmspringerpuppe - gevulde parachute, valsschermspringerspop
ausgewertet - geschat
ausmachen - uitdoen
Ausschreibung, die, Wettbewerb, der - competitie
außer Betrieb - buiten gebruik
Außerirdische, der - buitenaards, alien
aussteigen - uitstappen
auswählen, entscheiden für, wählen, aussuchen - kiezen
Auto, das - auto
Badezimmer, das - badkamer; Badewanne, die - bad
Badezimmertisch, der - badkamertafel
Bahnhof, der - treinstation
bald - spoedig
Bank, die - bank
Bargeld, das, Geld, das - geld
Bauer, der - boer
Bauernhof, der - boerderij

bedienen - bedienen
Bedienstete, der - bediende
beendete - gestopt
befehlen - bevel
Begabung, die - cadeau
begleiten, begleitet - begeleiden
Begrenzung, die - limiet
beibringen - aanleren
Bein, das - been
Beispiel, das - voorbeeld
beißen - bijten
bekommen - bekomen
beladen, laden - laden; der Verlader - lader
bellte - blaffen
benutzen - gebruiken
beraten - consulteren
Berater, der - consultant
Beratung, die - consultancy
berichten - rapporteren
Beruf, der - beroep
beschützen - beschermen
Besitzer, der - eigenaar
besser - beter
beständig - constant
besuchte - bezocht
Bett, das - bed
Betten, die - bedden
beurteilen - schatten
bewegte sich - bewoog
bewusstlos - bewusteloos
bezahlen, zahlen - betalen
bezahlte, gezahlt - betaalde
Billionen - Miljard
bis - tot
bitte - alstublieft, alsjeblieft, aub
bitten, fragen - vragen
blass - bleek
Blatt, das - blad
blau - blauw
bleiben - blijven
Blume, die - bloem
Boden, der - vloer
brauchen - nodig hebben
Bremse, die - rem
bremsen - remmen
Brief, der - brief
bringen - brengen
Brot, das - brood

Brücke, die - brug
Bruder, der - broer
Buch, das - boek
Bücherregal, das - boekenkast
Büro, das - kantoor
Bus, der - bus; mit dem Bus fahren - de bus nemen
Butter, die - boter
Butterbrot, das - sandwich
Café, das - café
CD Spieler, der - CD-speler
CD, die - CD
Chance, die - kans
Chemie, die - chemie
Chemikalien, die - chemicaliën
chemisch - chemisch
Computer, der - computer
da, weil - als, sinds
Dach, das - dak
danach - nadien
danken - bedanken; danke - bedankt
dass - dat; Ich weiß, dass dieses Buch interessant ist. - Ik weet dat dit book interessant is.
Datum, das - datum
dauern - duren; Der Film dauert mehr als 3 Stunden. - De film duurt langer dan drie uur.
Davids Buch - Davids boek
dein - jouw
denken - denken
der, die, das *(konj.)* - welke
Design, das - design
deswegen - zo
Deutsche, der / die - Duits
Dieb, der - dief
Diebe, die - dieven
Diebstahl, der - overval, inbraak
diese Dinge - deze dingen
diese, jene (pl.) - deze, die
dieser, diese, dieses - dit, deze; dieses Buch - dit boek
Ding, das, Sache, die - ding
Dorf, das - dorp
dort, dorthin - daar, er
draußen - buiten
dreckig - vuil
drehen - draaien
drehte - gedraaid

drei - drie
dreißig - dertig
dritter - derde
drücken - drukken
du - jij, je
du/ihr - je, jij
dumm - dom
dunkel - donker
dürfen, können - mogen, kunnen
DVD, die - DVD
eigener, eigene, eigenes - eigen
Eimer, der - emmer
ein - één
ein anderer, eine andere, ein anderes - een andere
ein paar - een paar
eine Prüfung bestehen - slagen voor een test
einer nach dem anderen - één per één
einer von euch - één van jullie
einfach - éénvoudig, simpel
einige, irgendwelche - enkele
Einkaufszentrum, das - winkelcentrum
einmal - éénmaal
einundzwanzig - éénentwintig
einverstanden sein - akkoord gaan
einzeln - individueel
Eis, das - ijs
elektrisch - elektrisch
elf - elf
Eltern, die - ouder
E-Mail, die - e-mail
empfehlen - aanbevelen
Empfehlung, die - aanbeveling
empfohlen - aanbevolen
Ende, das - aankomst; beenden - aankomen
Energie, die - energie
entlang - langs
entschied sich für - koos
entwerfen, verfassen - ontwerpen
entwickeln - ontwikkelen
Entwurf, der, Text, der - ontwerp
er - hij
Erde, die - aarde
Erfahrung, die - ervaring
erhalten (etwas) - krijgen
erinnerte sich - herinnerde
erklären - uitleggen
ernst - ernstig

erst - eerst
erstarren - bevriezen
es - het
essen - eten
Essen, das - voedsel
etwa - ongeveer
etwas, nichts - iets
Fachbuch, das - vakboeken
Fähigkeit, die - bekwaamheid
fahren, fuhr - rijden
Fahrer, der - chauffeur
Fahrkarte, die - ticket
Fahrrad fahren, mit dem Fahrrad fahren - met de fiets rijden
Fahrrad, das - fiets
Fall, der - val
fallend - vallend
Fallschirm, der - parachute
Fallschirmspringer, der - parachutist
falsch - fout, verkeerd
Familie, die - familie
fangen - vangen
Feier, die - ceremonie
Feld, das - veld
Fenster, das - venster
Fenster, die - vensters
Fernseher, der - televisie
fertig - klaar
Feuer, das, feuern - vuur
fiel - viel
Film, der - film
Finanzwissenschaft, die - financiën
finden - vinden
Firma, die - firma
Firmen, die - firmas
fließend - vloeiend
flog weg - vloog weg
Flugschau, die - airshow
Flugzeug, das - vliegtuig
Fluss, der - vloeien
Formular, das - formulier
fortführen - voortduren
Fortsetzung folgt - wordt vervolgd
Foto, das - foto
fotografieren - fotograferen; der Fotograf - fotograaf
Fragebogen, der - vragenlijst
Frau, die - vrouw

Fräulein - juffrouw
frei, ziemlich - vrij
freisetzen - bevrijden
Freizeit, die, freie Zeit - vrije tijd
fremd - vreemd
Freund, der - vriend
Freundin, die - vriendin
freundlich - vriendelijk
froh, glücklich - gelukkig
Frühstück, das - ontbijt
frühstücken - ontbijten
fuhr los - starten
führen - lopen
Führer, der - leider
Führerschein, der - rijbewijs
füllen - opvullen
fünf - vijf
fünfter - vijfde
fünfundzwanzig - vijfentwintig
fünfzehn - vijftien
für, vor - voor
Fuß, der - voet
füttern - voederen
gab, geben - geven
Garten, der, Hof, der - tuin
Gas, das - gas
Gast, der - gast
Gastfamilie, die - de gastfamilie
Gastgeber, der - gastheer
geantwortet - antwoordde
gearbeitet - gewerkt
gebracht - genomen
gefallen - leuk vinden; Das gefällt mir. - ik vind dat leuk.
gefragt - gevraagd
Gefühl, das - gevoel
gefunden - gevonden
gegen - tegen
Geheimnis, das, heimlich - geheim
gehen - gaan; Ich gehe zur Bank. - Ik ga naar de bank.
gehen, laufen - wandelen
gelb - geel
genau zuhören - aandachtig luisteren
Genesung, die, Rehabilitation, die - genezing, behandeling
geöffnet, öffnete - geopend
gerufen - wenen

gesäubert - schoongemaakt
Geschichte, die - verhaal
Geschlecht, das - geslacht
geschlossen - gesloten
Geschwindigkeit, die - snelheid; rasen - te snel rijden
Gesicht, das - gezicht
gestern - gisteren
gestohlen - gestolen
gesund pflegen - genezen, behandelen
Gesundheit, die - gezondheid
getanzt *(part.)* - gedanst
getroffen, kennengelernt - leren kennen
gewöhnlich - gewoonlijk
Glas, das - glas
glauben - geloven; seinen Augen nicht trauen - zijn ogen niet geloven
Gleiche, der/die/das - hetzelfde
gleichzeitig - tegelijkertijd
Glück, das - geluk
grau, grauhaarig - grijs
groß / größer / am größten - groot / groter / grootst
größer - groter
grün - groen
Grund, der - reden
Gummi, der - rubber
gut - goed
gut, alles klar - duidelijk
Haar, das - haar
haben - hebben; er/sie/es hat - hij/zij heeft; Er hat ein Buch. - Hij heeft een boek.
halb - half
hallo - hallo
Handarbeit, die - handenarbeid
Handschellen, die - handboeien
Handy, das - GSM
hassen - haten
hatte, gehabt - had
Haus, das; das Zuhause - huis; nach Hause gehen - naar huis gaan
Hausaufgaben, die - huiswerk
Haustier, das - huisdier
Helfer, der - helper
Herausgeber, der - uitgever
Herd, der - fornuis
Herr, Hr. - Mijnheer, Mr.
herstellen - produceren

heulend - jankend
heute - vandaag
Hey! - Hey!
hier (Ort), hierher (Richtung) - hier
hier ist - hier is
Hilfe, die - hulp; helfen - helpen
hindurch - door
hinter - achter
hinunterschlucken - slikken
hoch - hoog
hochachtungsvoll - met hoogachting
Hoffnung, die - hoop
hören - luisteren; Ich höre Musik. - Ik luister naar muziek.
hörte, gehört - hoorde
Hose, die - broek
Hotel, das - hotel
Hotels, die - hotels
Hund, der - hond
hundert - honderd
hungrig - honger; Ich habe Hunger. - Ik heb honger.
Hut, der - hoed
ich - ik
Idee, die - idee
ihm - hem
ihr - hun
Imbiss, der - snack
immer - altijd
in - binnen, in
in der Nähe, nahe - dichtbij
in der Zwischenzeit - ondertussen
Information, die, Angabe, die - informatie
informieren, mitteilen - informeren
informierte, mitgeteilt - informeert
Ingenieur, der - ingenieur
Inserat, das - aanbiedingen
intelligent, schlau - slim
interessant - interessant
ja - ja
Jacke, die - jas
Jahr, das - jaar
Jahreszeit, die - seizoen
jeder, jede, jedes - elke
jemand - iemand
jener, jene, jenes - dat, die
jetzt, zurzeit, gerade - nu, meteen
Journalist, der - journalist

jung - jong
Junge, der - jongen
Kabel, das - kabel
Kaffee, der - koffie
Kaffeemaschine, die - koffiemachine
kalt - koud
Kälte, die - koude
kam, gekommen - komen
Kanada - Canada
Kanadier - Canadees
Känguru, das - kangoeroe
Kapitän, der - kapitein
Karte, die - kaart
Kasse, die - kassa; Kassierer, der - kassier
Kätzchen, das, die Katze - kat
kaufen - kopen
kennen, wissen - weten
kennengelernt - leren over
Kessel, der - ketel
Kilometer, der - kilometer
Kind, das - kind
Kinder, die - kinderen
Kindergarten, der - kleuterschool
Kiste, die - doos
klar, sicher - zeker
Klasse, die - klas
Klassenzimmer, das - klaslokaal
Kleidung, die - kleding
klein - klein
Klingeln, das - bel; klingeln - bellen, rinkelen
Knopf, der - knoop
kochend - koken
Kollege, der - collega
kommen / gehen - komen / gaan
kommen in - verenigen
können - kunnen; Ich kann lesen. - Ik kan lezen.
könnte, kann - kon
Kontrolle, die - controle
kontrollieren - controleren
Kopf, der, Haupt-, zentral - hoofd, centraal
Kopfarbeit, die - denkwerk
kosten - kosten
kreativ - creatief
Krieg, der - oorlog
Kristall, das - kristal
Krug, der - kruik
Küche, die - keuken

Kunde, der - klant
Kunst, die - kunst
Künstler, der - artiest
Kurs, der - cursus
kurz - kort
küssen - kussen
Küste, die - kust
Lächeln, das - lach
lächeln, lachen - lachen
lächelte, gelächelt - lachte
Laden, der - winkel
Läden, die - winkels
Land, das - land
landen - landen
lang - lang
langsam - traag
Laser, der - laser
lass uns - laat ons
lassen - laten
Lastwagen, der - truck
laut - luidop
Leben, das, leben, wohnen - leven
lebte - leefde
lecker - lekker
ledig - single
leer - leeg
legen, der Platz - plaats
Lehrer, der - leraar
leicht - lichtelijk
leid tun - spijt hebben; Es tut mir leid. - Het spijt me.
leise - stil
Lektion, die - les
lenken - sturen
lernen - leren
lesen, lesend - lezen
Liebe, die - liefde
lieben - lief hebben
lieber, liebe - lieve, geachte
Lieblings - favoriete
Lieblingsfilm, der - favoriete film
liebte, geliebt - hield van
links - links
Liste, die - lijst
Lösung, die - oplossing
Löwe, der - leeuw
Luft, die - lucht
lustig - grappig

machen - doen, maken
machte an - inschakelen
Mädchen, das - meisje
Mama, die Mutter - mama, moeder
manchmal, ab und zu - soms
Mann, der - man
Männer, die - mannen
männlich - mannelijk
Mannschaft, die - team
Maschine, die - machine
Matratze, die - matras
medizinisch - medisch
Meer, das - zee
mehr, der See - meer
mein, meine, mein - mijn
Mensch, der - menselijk
Menschen, die - mensen
Metall, das - metaal
Meter, der - meter
Methode, die - methode
mich - mij
Miezekatze, die - poes
Mikrofon, das - microfoon
Minute, die - minuut
mit - met
Mitglied, das - lid
Möbel, die - meubilair, meubels
mögen, lieben - graag hebben, houden van
möglich - mogelijk
Möglichkeit, die - mogelijkheid
Moment, der - moment
monoton - monotoon
Montag - maandag
Mörder, der - moordenaar
morgen - morgen
Morgen, der - ochtend
Motor, der - motor
müde - moe
Musik, die - muziek
müssen - moeten; Ich muss gehen. - Ik moet gaan.
Mutter, die - moeder
Muttersprache, die - moedertaal
nach - na
nach unten - naar beneden
Nachbar, der - buur
nächste - dichtst
Nacht, die - nacht

Nähe, die - omgeving, nabijgelegen
näher - dichter
nahm, nehmen - nemen
Name, der ; nennen - naam
Nase, die - neus
nass - nat
Nationalität, die - nationaliteit
Natur, die - natuur
natürlich - natuurlijk
nein - nee
neu - nieuw
neun - negen
neunter - negende
nicht - niet
nicht dürfen - niet mogen
nichts - niets
nie - nooit
niemand - niemand
noch einen - nog één
noch, weiterhin - nog
Nordamerika und Eurasien - Noord-Amerika en Eurazië
normal, normalerweise - normaal
Notiz, die - notitie
Notizbuch, das - notitieboek
Notizbücher, die - notitieboeken
Nummer, die - nummer
nur - enkel
ob - of
obwohl, trotzdem - alhoewel
öffnen - openen
oft - vaak
Oh! - Oh!
ohne - zonder
Ohr, das - oor
okay, gut - okay, goed
Öl, das - olie
ordinatie - die Koordination - co
Panik, die - paniek; in Panik versetzen - panikeren
Papier, das - papier
Park, der - park
Parks, die - parken
passend - passend
passieren - gebeuren
passiert - gebeurt
Patrouille, die, Streife, die - patrouille
Pause, die - pauze

Person, die - persoon
Personalabteilung, die - personeelsafdeling
persönlich - persoonlijk
Piepton, der - bieptoon
Pilot, der - piloot
Plan, der - plan
planen - plannen
Planet, der - planeet
Platz, der - plein
plötzlich - opeens
Polen - Polen
Polizei, die - politie
Polizeihauptmeister, der - sergeant
Polizist, der - politieagent
Position, die - positie
Preis, der - prijs
pro Stunde - per uur
Problem, das - probleem
Programm, das - programma
Programmierer, der - programmeur
prüfen - testen
Prüfung, die - test
Publikum, das - publiek
Puppe, die - pop
Rad, das - wiel
Radar, der - radar
Radio, das - radio
Raser, der - snelheidsovertreder
raste - gehaast
Rätsel, das - raadsel
Ratte, die - rat
Raumschiff, das - ruimteschip
rechts - rechts
Rede, die - speech
Regel, die - regel
Regen, der - regen
reiben - wrijven
reisen - reizen
rennen, joggen, laufen - rennen, lopen
Reporter, der - reporter
retten - redden
Rettungsdienst, der - reddingsdienst
Rettungstrick, der - levensreddende truc
richtete - wees aan
richtig - correct; korrigieren - corrigeren
riefen an - roepen
rot - rood
Rubrik, die - rubriek

rund - rond
Saatgut, das - zaad
sagen - zeggen
sagte - zei
sah, schaute, geschaut - keek
sahen - zag
Samstag, der - zaterdag
Sand, der - zand
Sandwich, das - broodje
Satz, der - zin
sauber - schoon
sauber machen, putzen - schoonmaken
schauen, betrachten - bekijken
schaukeln - rollen
schickte - gezonden
Schiff, das - schip
schlafen - slapen
schlagen - slaan
Schlange, die - rij
schlau - sluw
schlecht - slecht
schließen - dicht
schließlich - uiteindelijk
Schlüssel, der - sleutel
schnell - snel
schon - al
schön, wunderschön - mooi
schoss; angeschossen - schot
schreiben - schrijven
Schreibtisch, der - lessenaar
schrieb - schreef
Schriftsteller, der - schrijver
Schritt, der - stap; treten - stappen
Schule, die - school
schütten, gießen - gieten
Schwanz, der - staart
schwarz - zwart
schwer - moeilijk
Schwester, die - zus
schwimmen - zwemmen
sechs - zes
sechster - zesde
sechzig - zestig
sehen - kijken, zien
sehr - heel
sein, seine - zijn; sein Bett - zijn bed
seit - sinds
Sekretärin, die - secretaresse

selten - zeldzaam
Serie, die - serie
setzen - zitten
sich bewerben - solliciteren
sich entschuldigen - verontschuldigen;
Entschuldigen Sie. - Excuseer me.
sich hinsetzen - neerzitten
sich kennen - elkaar kennen
sich kümmern um - zorg
sich schämen - zich schamen; er schämt sich -
hij schaamt zich
sich Sorgen machen - zorgen; Mach dir keinen
Kopf! - Maak je geen zorgen!
sich umsehen - rondkijken
sich unterhalten, sprechen - spreken
sich verstecken - verstoppen
Sicherheitsgurt, der - gordel
sie - zij
sieben - zeven
siebter - zevende
siebzehn - zeventien
singen - zingen; der Sänger - zanger
Sirene, die - sirene
Situation, die - situatie
Sitz, der - zetel; sich hinsetzen - gaan zitten
so oft wie möglich - zo vaak als mogelijk
sofort - onmiddellijk
Sohn, der - zoon
sorgfältig, vorsichtig - voorzichtig
Spaniel, der - spaniel
spanisch - Spaans
Spaß haben, genießen - genieten
Spaß, der - tof
spielen - spelen
Spielzeug, das - speelgoed
Sport, der - sport; Sportgeschäft, das -
sportwinkel
Sportfahrrad, das - sportfiets
Sprache, die - taal
springen - springen
Stadt, die - stad
Stand, der - staat; Familienstand, der -
burgerlijke staat
Standard, der, Standard - standaard
starb - stierf
stark - sterk
Stärke, die - sterkte
stattdessen - in de plaats

124

Stechmücke, die - mug
stehen - staan
stehlen - stelen
Stein, der - steen
sterben - sterven
Stern, der - ster
Sternchen, das - asterisk
Stift, der - pen
Stifte, die - pennen
Stimme, die - stem
stinkend - stinkend
stoßen, ziehen - duwen
Straße, die - straat
Straßen, die - straten
Strom, der - stroom
Student, der - student
Studenten, die - studenten
Studentenwohnheim, das - slaapzaal, studentenwoning, studentenhuis
studieren - studeren
Stuhl, der - stoel
Stunde, die; Uhr - uur; stündlich - per uur; Es ist zwei Uhr. - Het is twee uur.
super, toll - super, tof
Supermarkt, der - supermarkt
Tablette, die - pil
Tag, der - dag; täglich, jeden Tag - dagelijks
Tanker, der - tanker
tanzen - dansen
tanzend - dansend
Tasche, die - zak
Tasse, die - mok
Tastatur, die - toetsenbord
tat - deed
tausend - duizend
Taxi, das - taxi
Taxifahrer, der - taxichauffeur
Tee, der - thee
Teil, der - deel
teilnehmen - deelnemen
Teilnehmer, der - deelnemer
Telefon, das - telefoon; telefonieren - telefoneren
Telefonhörer, der - handset
Teller, der - bord
Text, der - tekst
Tier, das - dier
Tierarzt, der - dierenarts

Tiger, der - tijger
Tisch, der - tafel
Tische, die - tafels
Tochter, die - dochter
tödlich - dodelijk
Toilette, die - toilet
tötete, getötet *(part.)* - gedood
trainieren - trainen; trainiert - getraind
Transport, der - transport
trat - stapte
Traum, der - droom
träumen - dromen
traurig - treurig
treffen, kennenlernen - ontmoeten
treiben - drijven
Treppe, die - trappen
Tresor, der - kluis
treten - stappen
Trick, der - truc
trinken - drinken
trocken - droog; trocknen - drogen
tschüss - dag, bye
Tür, die - deur
über - boven, over
Überfall, der - inbraak, overval
übergreifen - spreiden
überraschen - verrassen
überrascht, verwundert - verrast
Überraschung, die - verrassing
Übersetzer, der - vertaler
übrigens - overigens
Uhr, die - horloge
um eins - om één uur
um halb neun - half negen
und - en
Unfall, der - ongeval
ungerecht - onrechtvaardig
Universität, die, Uni, die - universiteit
uns, unser - ons, onze
unter - onder
unterstreichen - onderstrepen
USA - VS
usw. - etc.
Vater, der, Papa - vader
Verbrecher, der - crimineel
verdammt - verdomme

verdienen - verdienen; Ich verdiene zehn Dollar pro Stunde. - Ik verdien 10 dollar per uur.
Verein, der - club
Vereinbarung, die - overeenkomst
Vereinigten Staaten die, USA, die - de Verenigde Staten/ de VS
Verfolgung, die - achtervolging
vergessen - vergeten
verkaufen - verkopen
Verkäufer, der, Verkäuferin, die - verkoper, verkoopster
Verlag, der - publiceren
verlassen - verlaten, weg gaan
verlieren - verliezen
verschieden - verschillend
verstanden - begreep
Versteckspiel, das - verstopper
versteckte - verstopt
verstehen - begrijpen
versuchen - proberen
versuchte - probeerde
verwirrt - verward
Videokassette, die - videocassette
Videothek, die - videotheek
viel, viele - veel, vele; viel zu tun haben - veel werk hebben
vielseitig, alles könnend - veelzijdig
vier - vier
vierter - vierde
vierundvierzig - vierenveertig
Vogel, der - vogel
voll - vol
vor - geleden
vor allem - speciaal
vor einem Jahr - een jaar geleden
vorbei - verleden
vorbereiten - voorbereiden
Vorderräder, die - voorwielen
vorgeben; so tun, als ob - doen alsof
vorn - voorste
wackelte - schudde
Waffe, die - geweer
während, da, weil - terwijl
Wal, der - walvis; Schwertwal, der - orka
war - was
waren - waren
warm - warm

warten - wachten
wartete - wachte
was, welcher/welche/welches - wat, welke; Was ist das? - Wat is dat? Welcher Tisch? - Welke tafel? Was ist los? - Wat is er aan de hand?
waschen, putzen - wassen
Waschmaschine, die - wasmachine
Wasser, das - water
Wasserhahn, der - kraan
Website, die - website
Weg, der, weg - weg
weggehen - weggaan
weglaufen - weglopen
weiblich - vrouwelijk
weil - omdat
weinen, schreien, rufen - huilen
weiß - wit
weit - ver, wijd
weiter - verder
weiter schauen - verder kijken
Welle, die - golf
Welpe, der - puppy
Welt, die - wereld
Weltall, das - ruimte
wenig - weinig; ein paar - een paar
weniger - minder
wenigstens - tenminste
wenn - wanneer
wer - wie
werden, wollen - willen
wessen - wiens
Wetter, das - weer
wichtig - belangrijk
wie - als, hoe
wieder - opnieuw
Wind, der - wind
wir - wij
wirklich - echt, werkelijk
wo - waar
Woche, die - week
wohnhaft - woonkamer
wollte - gewild
Wort, das, die Vokabel - woord
Wörter, die, Vokabeln, die - woorden
wortlos - zonder een woord, zonder te spreken
wunderbar - prachtig
wusste - wist

wütend - kwaad, woedend
Zebra, das - zebra
zehn - tien
zehnter - tiende
zeigen - tonen
zeigte - toonde
Zeit, die - tijd
Zeitschrift, die - magazine
Zeitung, die - krant
Zentrum, das - centrum; das Stadtzentrum - stadscentrum
zerstören - vernietigen
ziehen - trekken
Zimmer, das - kamer
Zimmer, die - kamers

zittern - schudden
Zoo, der - dierentuin
zu Fuß - te voet
Zug, der - trein
zukünftig - toekomst
zum Beispiel - bijvoorbeeld
zurück - terug
zusammen - samen
zwanzig - twintig
zwei - twee
zweimal - tweemaal
zweite Name - tweede naam
zweiter - tweede
zwischen - tussen
zwölf - twaalf

www.ingramcontent.com/pod-product-compliance
Lightning Source LLC
Chambersburg PA
CBHW080345170426
43194CB00014B/2689